WHAT BECAME WORDS

BOOKS BY CLAES ANDERSSON

POETRY

Ventil (Valve), 1962
Som om ingenting hänt (As If Nothing Happened), 1964
Staden heter Helsingfors (The City Is Called Helsinki), 1965
Samhället vi dör i (The Society We Die In), 1967
Det är inte lätt att vara villaägare i dessa tider
(It's Not Easy Being a Homeowner in These Times), 1969
Bli, tillsammans (Become, Together), 1970
Rumskamrater (Roommates), 1974
Jag har mött dem: Dikter 1962–74 (I Have Met Them: Poems 1962–74), 1976
Genom sprickorna i vårt ansikte (Through the Cracks in Our Face), 1977
Trädens sånger (Songs of the Trees), 1979
Tillkortakommanden (Shortcomings), 1981
Under (Wonder), 1984
Mina bästa dagar (My Best Days), 1987
Det som blev ord i mig: Dikter 1962–1987
(What Became Words in Me: Poems 1962–1987), 1987
Som lyser mellan gallren (That Shine Between the Bars), 1989
Huden där den är som tunnast (The Skin Where It's Thinnest), 1991
Dikter från havets botten (Poems from the Bottom of the Sea), 1993

NOVELS

Bakom bilderna (Behind the Images), 1972
Den fagraste vår (Spring Most Fair), 1976
En mänska börjar liknar sin själ (A Person Begins to Resemble His Soul), 1983

TRANSLATIONS

Pentti Saaritsa: Hjärtat, mitt viktigaste slagvapen, 1976
Elvi Sinervo: Diktarmoran, 1978

Claes Andersson

WHAT BECAME WORDS

Poems Translated from the Finland-Swedish
by Rika Lesser

SUN & MOON PRESS
LOS ANGELES • 1996

Sun & Moon Press
A Program of The Contemporary Arts Educational Project, Inc.
a nonprofit corporation
6026 Wilshire Boulevard, Los Angeles, California 90036

This edition first published in paperback in 1996 by Sun & Moon Press
10 9 8 7 6 5 4 3 2 1
FIRST EDITION

©1993, 1991, 1989, 1987, 1984, 1981, 1979, 1977,
1974, 1970, 1969, 1967, 1965, 1964, and 1962 by Claes Andersson
The poems in this volume first appeared in the books Ventil (1962), Som om ingenting hänt (1964), Staden heter Helsingfors (1965), Samhället vi dör i (1967), Det är inte lätt att vara villaägare i dessa tider (1969), Bli, tillsammans (1970), Rumskamrater (1974), Genom sprickorna i vårt ansikte (1977), Trädens sånger (1979), Tillkortakommanden (1981), Under (1984), Mina bästa dagar (1987), Som lyser mellan gallren (1989), Huden där den är som tunnast (1991), and Dikter från havets botten (1993).
English language translation and Introduction ©1996 by Rika Lesser
All rights reserved

This book was made possible, in part, through contributions to
The Contemporary Arts Educational Project, Inc., a nonprofit corporation,
and through a translation grant from Finnish Literature Information Centre.
The Publisher and Translator would also like to thank the author's publisher,
Söderström & C:o förlagsaktiebolag, and its publisher and editor Marianne Bargum
for her personal and financial contributions.
Some of these poems first appeared in English in Books from Finland, Dimension: Contemporary Nordic Literature, Grand Street, Paris Review, Poetry East, Scandinavian Review, Swedish Book Review, and Writ and in the books A Way to Measure Time: Contemporary Finnish Literature, The Nordic Poetry Festival New York 1993 Anthology, and On the Border: New Writing from Finland.
The translator would like to thank the editors of these magazines and books.

Cover: Eino Mäkinen, Street light studies (ca. 1925)
Design: Katie Messborn
Typography: Guy Bennett

LIBRARY OF CONGRESS CATALOGING IN PUBLICATION DATA
Andersson, Claes [1937]
What Became Words
p. cm—(Sun & Moon Classics: 121)
ISBN: 1-55713-302-6
I. Title. II. Series.
III. Translator
811'.54—dc20

Printed in the United States of America on add-free paper.

Without limiting the rights under copyright reserved here,
no part of this publication may be reproduced, stored in or introduced into
a retrieval system, or transmitted, in any form or by any means
(electronic, mechanical, photocopying, recording or otherwise),
without the prior written permission of both the copyright owner
and the above publisher of the book.

For RICHARD HOWARD
who initiated me into the art

R.L.

INNEHÅLL

Introduction 13

VENTIL (1962)
Ur det sällsamma mötet 26
Mognad 28

SOM OM INGENTING HÄNT (1964)
Orden äger liksom grundämnen dolda valenser 30
Som om ingenting hänt 32

STADEN HETER HELSINGFORS (1965)
Staden heter Helsingfors 34
Mormor var luden och ironisk 40

SAMHÄLLET VI DÖR I (1967)
Det börjar med ett möte 42
"Frihet får inte innebära..." 44

DET ÄR INTE LÄTT ATT VARA VILLAÄGARE
I DESSA TIDER (1969)
Statyologi för grundskolan 48

BLI, TILLSAMMANS (1970)
I Helsingfors är husen inte speciellt vackra 50
Till minnet av Kraepelin 52
När en mänska går sönder 54

CONTENTS

Introduction   13

VALVE (1962)
  From the singular meeting   27
  Maturity   29

AS IF NOTHING HAPPENED (1964)
  Words, like elements, have hidden valences   31
  As If Nothing Happened   33

THE CITY IS CALLED HELSINKI (1965)
  The City Is Called Helsinki   35
  Grandmother Was Hairy and Ironic   41

THE SOCIETY WE DIE IN (1967)
  It begins with a meeting   43
  "Freedom cannot mean…"   45

IT'S NOT EASY BEING A HOMŁOWNER
IN THESE TIMES (1969)
  Elementary Statuology   49

BECOME, TOGETHER (1970)
  In Helsinki the houses are not especially handsome   51
  To the Memory of Kraepelin   53
  When a person goes to pieces   55

RUMSKAMRATER (1974)
  ur Tillstånd 56
  Vad förmår väl en snigel mot en pansarvagn 60
  Ensamhet 62
  Rumskamrater 64
  En man tänkte en gång, i desperation 67

GENOM SPRICKORNA I VÅRT ANSIKTE (1977)
  Idealisera inte tigandet 68
  Den isländska åldringen i tv-rutan 70
  (till en ny mänska) 72

TRÄDENS SÅNGER (1979)
  Här i landet tillverkar vi burar 74
  Vi vet så litet om fåglarna 78

TILLKORTAKOMMANDEN (1981)
  Det som blev ord i mig 80
  Mumlar för sig själv som ensamma gör 82
  (den nya teologin) 86
  Nuförtiden talas mycket om identitet 90
  Somliga mänskor ler hela tiden 92
  (summary) 94

UNDER (1984)
  När jag föddes var Helsingfors en medelstor stad 98
  Förtvivlan är ett alltför stort ord 102
  (in memoriam) 104
  Andersson för ett jävla oljud 106

ROOMMATES (1974)
  from Conditions 57
  Whatever can a snail do against a tank 61
  Loneliness 63
  Roommates 65
  A man once thought, in desperation 67

THROUGH THE CRACKS IN OUR FACE (1977)
  Don't idealize the keeping silent 69
  The old Icelander on the TV screen 71
  (to a new person) 73

SONGS OF THE TREES (1979)
  In this country we manufacture cages 75
  We know so little about the birds 79

SHORTCOMINGS (1981)
  What became words in me 81
  Mutters to himself as lonely people do 83
  (the new theology) 87
  Nowadays there's a lot of talk about identity 91
  Some people are always smiling 93
  (summary) 95

WONDER (1984)
  When I was born, Helsinki was a medium-sized town 99
  Despair is far too large a word 103
  (in memoriam) 105
  Andersson is making a damned racket 107

MINA BÄSTA DAGAR (1987)
   Ensamheten är det naturliga tillståndet   110
   En liten pojke   112

SOM LYSER MELLAN GALLREN (1989)
   Helsingfors ligger upphängd   118

HUDEN DÄR DEN ÄR SOM TUNNAST (1991)
   Samtal i natten på verandan   120
   Just nu befinner jag mig   122
   Sommaren är bäst på sommarn   124
   ("nånting måste vi ju göra
      när vi en gång har kommit hit")   126
   (natur på motorväg)   128
   En nedfrusen mänska   130
   Att vara fet är ett sätt att säga   130
   Hela natten talade vi om döden   136

DIKTER FRÅN HAVETS BOTTEN (1993)
   Vem var han som levde mitt liv och nu   138
   Det finns en väg som ingen gått   140
   Det vi saknar mister vi aldrig   142
   Pappa dog, välsignades   144
   När någon vi älskar dör   146
   Den som trott att skuggor saknar färger   148
   När du är död skall du göra   150
   Som stranden övar vi oss att tala   154
   Jag är ett med gatan   156
   (Till Lars Huldén)   160
   Skuggor. Skuggors skuggor.   164

My Best Days (1987)
   Solitude is the natural condition   111
   A Little Boy   113

That Shine Between the Bars (1989)
   Helsinki lies suspended   119

The Skin Where It's Thinnest (1991)
   Talk in the night on the porch   121
   Just now I find myself   123
   Summer is best in the summer   125
   ("we've got to do something
      now that we're finally here")   127
   (nature on the highway)   129
   A frozen person   131
   Being fat is a way of saying   133
   All night we spoke about death   137

Poems from the Bottom of the Sea (1993)
   Who was he that lived my life and now   139
   There is a road no one has taken   141
   What we miss we never lose   143
   Papa died, was blessed   145
   When someone we love dies   147
   Who believes that shadows lack color   149
   When you're dead you'll get to do   151
   Like the shore we practice speaking   155
   I am one with the street   157
   (To Lars Huldén)   161
   Shadows. The shadows of shadows.   165

Introduction:
"Don't idealize the keeping silent…"

> A frozen person should not be
>   thawed too quickly.
> The cells flood, walls bursting,
>   the heart stops.
> Never put a frozen person
>   in a microwave.
> Lay her on a hard bed in a room
>   facing north, open all the windows.

These lines open one of Claes Andersson's more recent poems, from *The Skin Where It's Thinnest* (1991). Directions or declarative statements, they seem to issue, in order, as sage counsel from the mouth of someone in the know, as keen observation from the trained eye of a scientist or doctor, as a helpful hint from the hand of a house-husband; finally they themselves freeze, as if in the frame of mind of a poet from the north. In tone and icy lexicon they recall the start of another poem he published 21 years before in *Become, Together* (1970):

> When a person goes to pieces
>   like freezing sparrows her thoughts depart
> The seeds run out of her and she's hollow
>   It happens so slowly, her own mother
> fails to notice

> You can't hear her cry any more, the tears
> have frozen solid in her past

Andersson's concern for people and society has been evident from early on; in the 34 years since the appearance of his first book of poems in Helsinki, it has deepened and widened. The voice speaking the earlier lines is that of a man of letters and psychiatrist writing in jazz rhythms. The multiple voices in the later poem are those of the poet as member of Parliament.

*

Claes Andersson published his first book of poems the same year he got his medical degree, 1962. Before the decade closed, he had become both a psychiatrist and a literary activist. As editor-in-chief of the avant-garde magazine FBT (1965–68), Andersson was a vigorous leader of a writers' movement that sought to break free of what was perceived as the tyranny of the idyllic, politically unengaged, Finland-Swedish modernist lyric tradition. Some would say the tenets of 20th-century Finland-Swedish poetry—its lyricism, its aestheticism, and its remaining practitioner (Rabbe Enckell, 1903–1974)—were savagely attacked. In its place would come an engaged poetics turned outward toward society; its subjects could as easily be urban as pastoral; its diction would be highly charged, mixed, "impure."

Andersson's early work exemplifies the new directions Finland-Swedish poetry was taking. The Swedish critic Tom Hedlund notes that in *The City Is Called Helsinki* (1965), "one encounters for the first time the critical close-ups of social reality that are one of the most important features of Claes Andersson's poetry." The four pages of "Hamlet–66" contemplate and with ironic commentary describe the decomposition of the human body; Hedlund calls this poem (included in Andersson's fourth collection, *The Society We Die In*, 1967) "perhaps the most materialistic death-poem Swedish literature can produce."

An experimental practitioner, Claes Andersson refined his "impure" diction using the poem itself as an alembic, mixing metaphors whose terms came from the natural world or the natural and social sciences and making them work in any and all ways he could. In his first book, *Valve* (1962), the meeting of nettle and night-scented orchid leads to an eruption of anguish, "a pyramid of imperceptibly vibrating knives." In the next, *As If Nothing Happened* (1964), words are themselves compared to chemical elements and to people; the poem is a rendezvous:

>Words, like elements, have hidden valences.
>As when the word Sodium jumps into the word Water
>just to cool off, without suspecting the consequences
>   of the plunge.

In *The Society We Die In*, the mixture of the scientific with the sociological is familiar yet fresh:

>It begins with a meeting
>It's the meeting that's important—not the two
>who meet
>Your hands are open
>I open my hands for you
>
>>The smallest social unit is two people

> Inside our cells
> a peculiar half-light abides
> That's where the poem comes to light
> I call what happens o s m o s i s

Throughout his work, Claes Andersson casts a critical eye on society, simultaneously illuminating the pleasures and pitfalls of the welfare state. He does this with irony that has been described at times as grim, at times as dissociated, or with ironic objectivity in whose employ are aphoristic paradoxes and surrealistic fantasy. Take, for example, the fracturing and resetting of familiar phrases in a poem from *The Skin Where It's Thinnest* (1991):

> Summer is best in the summer, in your absence
>   I miss you most.
> [...]
> What you don't know hurts you, it is darkest
>   as dusk falls.
> [...]
> Man lives on bread alone, money is everything
>   in this life.
> Powerlessness corrupts, the first
>   shall be first.

Claes Andersson's poems speak to us all—across seas and in different cultures—because his focus is, whether personal or political or both, the human condition, critically and self-critically viewed. Whether these be the visions of the physician/psychiatrist, the father/son/lover, or the politician, the viewpoint is always urban. Andersson's birthplace becomes Everycity:

> I roam around in the city of Helsinki
> among the people there and all their statues
> among their dogs, amidst their loneliness
> I search for myself in them
> I experience their loneliness
> how sometimes it can grow into a cry
> slashed to strips
> by the screeching of brakes
> I see how their loneliness grows
> as the crowd grows
> (from the title poem of *The City
> Is Called Helsinki*, 1965)

With his eyes "screwed tight," Andersson remembers himself as a child and tells about air raids during World War II in "When I was born, Helsinki was a medium-sized town" (from *Wonder*, 1984). He seems to spend all his time in the cellar of a house "composed of swinging cobwebs," where "they strung all the dead from long ropes in the cellar passage." Closer to us in time, in *That Shine Between the Bars* (1989), Helsinki lies imperiled as does every potential human being in this part of our violent century:

> Helsinki lies suspended in a spider-web swing
> in a fork of Europe's northern branch.
> [...]
> If there's war both NATO and the Warsaw Pact will
> rush to our assistance.

> We are as secure here as the fetus in the belly of a
> mother,
> she whom they mean to rape, murder and dump
> over a cliff.

Translating Claes Andersson

I first became aware of Claes Andersson's work in the winter of 1980–81. Aili Flint, linguist and specialist in Finnish language and culture at Columbia University, phoned to say a Finland-Swedish poet would be coming to town. Could I read three books that were in Columbia's library and maybe translate a few poems before he arrived? My translation of Gunnar Ekelöf's *Guide to the Underworld*[1] had just come out; we could read together at Deutsches Haus.... The first poem I translated was "Loneliness," which begins, "My love, the moments I spend / in your cunt I forget my..." and proceeds in 14 long lines to list ailments and diseases. When I read the poem aloud in English, I was proud of myself for not bursting out laughing when I reached "strange subcutaneous lumps."

As the years went by and more of the horrors of life were upon me (friends lost to cancer, to AIDS), Claes Andersson's constancy of tone and concern, and especially his sense of black,

---

Gunnar Ekelöf (1907–1968) is widely considered the greatest Swedish lyric poet of the twentieth century. *Guide to the Underworld* (1968; Massachusetts, 1980) was the last book he wrote, completing his Diwan trilogy. Its two earlier books were translated by W. H. Auden and Leif Sjöberg and appear almost in their entirety in *Gunnar Ekelöf: Selected Poems*, Penguin Modern European Poets Series, 1971.

pitch-black humor appealed to me more and more. It further seemed to me—poet and translator always obsessed with form—that book after book brought new variations, refinements, and perfections to his favored list poems.

In "(summary)"—the last poem in *Shortcomings* (1981)—every line of the poem is itself a list of life experiences:

> Have sat at meetings, ticked off items on the agenda, recommended, turned down
> Approved the minutes (change "should" in §123 to "ought")
> [...]
> Shoveled snow, played with the children, screamed at the children, been bitten by dogs

So that in 20-some-odd lines a powerful thumbnail sketch of a considered life has accreted. After much deliberation, the poet throws up his hands and simply goes on with it all:

> Have asked the meaning of it all
> Brooded, deliberated, pondered, constructed, conceived, stopped thinking
> Found the questions irrelevant and answered with the answer of the senses

Andersson's typically biting social criticism gives way in *Wonder* (1984) to biting self-criticism. One strikingly self-deprecatory poem, in which every line begins with the poet's surname, has a surprise ending:

> Andersson is making a damned racket
> Andersson can't even stand up straight
> […]
> Andersson should not smoke in his sleep
> […]
> Andersson should uncross his eyes
> […]
> Andersson where in god's name is Andersson now
> Andersson cannot very well have
> Andersson ought not to have jumped, I'll say straight out
> Andersson could at least have closed the window behind him

The poet's suicide—if we take "Andersson" to be the poet himself—while amusingly conceived and depicted hardly compares with the act of self-immolation described in another list poem from the same book, the phantasmagoric "(in memoriam)," where almost every line contains the words "she burned."

Akin to the black humor is what I would call Andersson's tongue-in-cheek or sweet-and-sour humor. This list poem from his latest book, *Poems from the Bottom of the Sea* (1993), is replete with life-and-death reversals:

> When you're dead you'll get to do everything you didn't have time to do while you were alive.
> You'll finally have time to yourself, you must promise to become very selfish.
> […]
> Finally you get to tell the president and the minister of defense what you think of them.
> […]

> You'll develop your muscles, neglected in later years,
> by Atlas' method: lift the world onto your shoulders!
> When you are dead no one will keep you from tak-
> ing back what life ran away with.

Finally, there are list poems that are hypnotic. In a formal reversal, Andersson ends each line in "(To Lars Huldén)" with the phrase "the bottom of the sea."

> Nowhere is peace greater than at
> the bottom of the sea.
> No one ever longs to get away from the bottom of
> the sea.
> No place measures up to the bottom of the sea.
> Whoever claims otherwise has never been
> at the bottom of the sea.
> [...]
> If I didn't live here I would give my life to
> lay eyes on the bottom of the sea.
> If you once have been here, you really have been
> at the bottom of the sea.

This is a tribute to Lars Huldén[2] (another of Finland's best Swedish-language poets) and homage to his exquisite poem "Once, long ago, man came down from the trees." Every line

---

2 Born in Jakobstad, Ostrobothnia, in 1926, Lars Huldén was for many years the official resident of Diktarhemmet in Borgå, the equivalent of Poet Laureate for Finland's Swedish-speaking minority. A wide selection of his poems is available in *The Chain Dance: Selected Poems of Lars Huldén*, translated by George C. Schoolfield (Columbia, SC: Camden House, 1991).

of that poem ends with the single Swedish word, *träden* (the trees).

Something else happened over the years I had been translating Claes Andersson. I was diagnosed as manic depressive, and I came to understand my illness reading and writing about it. Asked to expand my selection and make further translations for this book, I found myself attracted to the psychiatric poems—so straightforward and deadly accurate—as I had not been before. Take, for example, the poem "To the Memory of Kraepelin"[3] from *Become, Together*:

> She who moves so, so spasmodically
>   is schizophrenic
> The one who's not moving at all is catatonic
>   She who sits naked in the isolation room
> is depressed
>   He who floats half a centimeter above the floor
> is manic
>   She who cramps up is epileptic
> He who is staring into space is an idiot
>   She who stands in the shower all day
> is obsessive-compulsive
>   He who has hanged himself is dead
> Those observing all this in astonishment
>   are the staff

*

[3] Emil Kraepelin (1856–1926), German psychiatrist, is best known for developing a nosology or classification of mental disorders that influenced subsequent classifications.

Claes Andersson now is held on a par with the poets he attacked in his youth. "Why not acknowledge," asked poet and critic Tom Sandell in a review of the 1987 collection *My Best Days*, "that Andersson's voice is inimitable, significant, and personal in the same way as Gunnar Björling's or Diktonius' ... was in its time? ... [O]ne day [he] will be read with at least the same mixture of deep respect and devotion that today we bestow upon our great modernists."

It is scope as much as style that characterizes the achievement. Claes Andersson has always insisted on discussing matters about which it is easier to remain silent:

> Don't idealize the keeping silent
> Speech is golden
> In the silence rats and rabbit fever grow
> Look at the tumor, how quietly it eats at you
> Dialogue is superfluous there
> […]
> Don't believe that anything grows inside the silence
> except the silence's silence
>
> (from *Through the Cracks in Our Face*, 1977)

RIKA LESSER
February 1996

WHAT BECAME WORDS

Ur det sällsamma mötet mellan brännässla
och nattviol
är ångesten sprungen.
Föreställ dig—inbyggd i människan—
en pyramid av omärkligt vibrerande knivar.
Eller—om du prefererar zoologisk symbolik—
en matfrisk råtta, instängd
i din hjärnas skafferi. Skriket
är bara en onyttig ventil,
repet och kulan
något nyttigare.

From the singular meeting of nettle
and night-scented orchid
anguish erupts.
Just imagine—built into human anatomy—
a pyramid of imperceptibly vibrating knives.
Or—if you prefer zoological symbolism—
a rat with a good appetite, locked up
in the pantry of your brain. The scream
is only a useless valve.
the rope and the bullet
somewhat more useful.

Mognad

I sländans förvirring bor inget svar
och kompassnålen i ditt hjärta
snurrar runt, runt. Lik en trött ödla,
din tanke. Någonstans ringer en silverklocka
sin spröda anklagelse. Din skugga
växer. Vind kommer från havet.

Maturity

In the dragonfly's flurry no answer dwells,
and your heart's compass needle
whirls round and round. Like a tired lizard,
your thoughts. Somewhere a silver bell tolls
its frail indictment. Your shadow
grows. Wind comes from the sea.

Orden äger liksom grundämnen dolda valenser.
Som när ordet Natrium hoppar i ordet Vatten
för att få svalka, utan att ana språngets följder.
Så kan de dolda spänningarna uppenbaras.

I de obeskrivbara ögonblick då kampen ännu pågår
utvecklas ett starkt ljus. Orden kan läsas.
Sådant kan hända också två vanliga människor.
Dikten är en mötesplats för sådana möten.

Words, like elements, have hidden valences.
As when the word Sodium jumps into the word Water
just to cool off, without suspecting the consequences of the plunge.
In this way hidden tensions can be revealed.

In the indescribable moments while the battle rages on
a strong light is emitted. Words can be read.
Such things can befall even two ordinary people.
The poem is a rendezvous for encounters like these.

Som om ingenting hänt

I sjukhusparken samlar jag det gula genomlysta
och det röda.

Jag bär hem det i min pupill och ser väggarna,
hur de färgas av det genomlysta.

Alldeles intill finns en sluten avdelning
där någon ännu kastar sig mot väggen.

Också i min dröm har portvakten, en intellektuell,
låst in sig själv.

Många av dem som vistas här tror att vi inte
överlever vintern.

Jag visar dem mitt herbarium där jag pressat
några mycket små människor.

De är för kommande behov, tror någon. De återgår
till sina sysslor, som om ingenting hänt.

As If Nothing Happened

In the park outside the hospital I collect what is
luminous yellow and red.

I take it home in my pupil, see how the walls
are stained by the luminance.

Quite close by there's a closed ward
where someone is still throwing himself against the wall.

Also in my dream the caretaker, an intellectual, has
locked himself in.

Many of those who are staying here believe we will not
survive the winter.

I show them my herbarium, where I have pressed
some very small human beings.

They're for a rainy day, someone opines. They go back
to what they were doing, as if nothing happened.

Staden heter Helsingfors

Jag vandrar omkring i staden Helsingfors
bland mänskorna där och deras statyer
    bland deras hundar och deras ensamhet
Jag söker mig själv i dem
    Jag upplever deras ensamhet
        hur den ibland växer till ett rop
    som skärs sönder
        av bromsarnas skrik
    Jag ser hur deras ensamhet växer
        ju större trängseln växer
De gamla husen betraktar varandra
    bakom fördragna gardiner
De gamla husen som bara försvinner
medan de nya husen växer mot den sotiga himlen
    allt högre ju större trängseln blir

I staden möter jag mänskorna utan identitet
    irrande omkring med blicken riktad mot ingenstans

Ibland möter jag någon av dem
    som kommer fram till mig och frågar
    vem hon är
        vems hon är

The City Is Called Helsinki

I roam around in the city of Helsinki
among the people there and all their statues
　　among their dogs, amidst their loneliness
　I search for myself in them
　　　I experience their loneliness
　　　　how sometimes it can grow into a cry
　　　slashed to strips
　　　　by the screeching of brakes
　　　I see how their loneliness grows
　　　　as the crowd grows
The old houses scrutinize one another
　　　　behind drawn curtains
　　Old houses that just disappear
　while new ones rise toward the sooty sky
　　higher and higher the more crowded it gets

In the city I meet people without identity
　　wandering around, their gaze aimed nowhere

Sometimes I meet one of them
　　　who comes up to me and asks
　　who she is
　　　whose she is

vart hon är på väg
Och jag småler vänligt
medan jag hänvisar henne till en fullsatt
poliklinik
där man ger henne ett nummer på ensamheten
ett kort
där det står skrivet vem hon är
vart hon skall vara på väg
och att hon är ingens
utom den stora stadens
som inte vet att hon finns
som inte bryr sig om hennes ensamhet
som bjuder henne ett apotek
eller en ny lucka någonstans i en lång korridor
eller en gravplats i utkanten av all gemenskap

En minns jag
som simmande försökte ta sig bort från staden
En annan som upplevde en sällsam yrsel
innan hon svävade ut
och sjönk in i gatan
En minns jag
som tog tåget hem
men inte återfann sig själv därhemma

where she's going
And I smile a little, a friendly smile
while referring her to a completely packed
polyclinic
where they'll give her a number for loneliness
a card
stating who she is
where she'll be going
and that she belongs to no one
but the big city
that does not know she exists
does not care about her loneliness
and offers her a pharmacy
or a new dispensary somewhere down a long corridor
or a grave on the outskirts of all human fellowship

I remember one
who tried to flee the city swimming
Another who experienced a strange dizziness
before she floated down
and sank into the street
I remember one
who took the train home
but did not find himself at home when he got there

Jag har mött dem under nattliga promenader
   då de rört sig ryckigt
   från skyltfönster till skyltfönster
   likt nattfjärilar som patrullerna samlat
     i sina stora håvar

På sjukhusen har jag mött dem
   då de irrat omkring
   sökande sina namn och sina årtal
   Jag minns deras kinder
   som torra canyons utan tårar

Staden heter Helsingfors
   Där finns mänskor ensammare än statyer
   Där finns mänskor utan identitet
I staden där de gamla husen betraktar varandra
   I staden där de nya husen växer mot den sotiga himlen
Där mänskorna är ensammare än hundar

   Mot natten
     när trafiken somnat under motorhuven
och duvorna intar staden
     ser jag dem
   en och en
   längs kajerna spejande mot havet
     i parkerna spejande
mot den sotiga himlen

I have met them during evening walks
   when with jerky movements they advanced
  from shop window to shop window
   like streetwalkers the patrols have collected
    moths in their nets

I have met them in hospitals
 when they wandered around
 searching for their names and dates
   I remember their cheeks
 like dry canyons without tears

  The city is called Helsinki
    There you find people lonelier than statues
  There you find people with no identity
In the city where the old houses scrutinize one another
  In the city where the new houses rise toward the sooty sky
Where people are lonelier than dogs

  Toward night
   when the traffic has dozed under engine hoods
and the pigeons take the city
   I see them
  one by one
  along the wharves spying seaward
     in the parks spying
toward the sooty sky

Mormor var luden och ironisk

Mormor var luden och ironisk
   Vid sin egen begravning röck hon skoveln
ur kyrkoherdens hand—slog
   tre gånger i kistan
Hon avskydde high-brow diskussioner
   och var gång hon nackade sitt morgonägg
tittade hon menande på morfar
   När mormor var yngre
bar hon visserligen långa kjolar—neråt
   Uppåt räckte de knappt till knäna
Av de oräkneliga barn hon klämde till världen
var hälften ludna
   den andra hälften ironiska
Inte minns jag hur många tanterna var
   men jag minns en sommarveranda
belamrad med mostrar som nös och jagade tse-tseflugor
   Det var i början av 40-talet
då en tysk torpedbåt kolliderade med mitt aborrgrund
   Det fanns inte på sjökortet
och det var en stor händelse i mitt liv

Grandmother Was Hairy and Ironic

Grandmother was hairy and ironic
   At her own funeral she snatched the shovel
out of the pastor's hand—struck
      the coffin three times
She despised highbrow discussions
   each time she beheaded her morning egg
   she gave Grandfather a meaningful glance
     When Grandmother was younger
   she wore truly long skirts—going down
    Going up they barely reached her knees
     Of the countless children she thrust into the world
   half were hairy
    the other half ironic
I don't remember how many aunts there were
   but I remember a veranda in summer
strewn with my mother's sisters sneezing and hunting tsetse flies
   This was in the beginning of the '40s
when a German torpedo boat ran foul of my perch fishing ground
   This was not to be found on the nautical chart
  and it was a big event in my life

Det börjar med ett möte
Mötet är det viktiga—inte vilka två
som möts
Dina händer är öppna
Jag öppnar mina händer för dej

    Samhällets minsta enhet är två mänskor

Inne i våra celler
råder ett egendomligt halvljus
Det är där dikten blir till
Jag kallar det o s m o s som sker

    Det sker åt alla håll och samtidigt

När väggen rämnar rusar ljuset in
Livet rusar ut
Vi föds åt alla håll och samtidigt

It begins with a meeting
It's the meeting that's important—not the two
who meet
Your hands are open
I open my hands for you

    The smallest social unit is two people

Inside our cells
a peculiar half-light abides
That's where the poem comes to light
I call what happens o s m o s i s

    It happens in all directions and at once

When the wall cracks, light rushes in
Life rushes out
We are born in all directions and at once

"Frihet
får inte innebära frihet
att begränsa andras frihet"
Diktens frihet ses ofta
som "frihet från behov"
I den triviala meningen
härskar slaven
över sin herre
hunden över sin husse
den fattiga över den rika
den dödsdömda över den dömande
Poesin är en form av lögn
Poesin undviker verkligheterna
och upphöjer det overkliga
till öververklighet

Poesi kan man inte äta
Den är inte för mänskor i nöd
utan för dem vars brist
är av annan art
Poesin är ingen lögndetektor
utan själva lögnen

"Freedom
cannot mean the freedom
to limit the freedom of others"
The freedom of the poem is often seen
as "freedom from need"
In the trivial sense
the slave rules
over his master
the dog over his owner
the poor over the rich
the man condemned to die over the condemner
Poetry is a kind of lie
Poetry avoids realities
and exalts the unreal
to surreality

Poetry cannot be eaten
It is not for people in need
rather for those whose want
is of a different sort
Poetry is no lie detector
but the lie itself

När städerna och byarna brinner
när risfälten brinner
tänder poeterna sina kandelabrar
och skriver: "friheten brinner
i mitt hjärta"
Men brinnande hjärtan
luktar inte bränt
Brinnande byar däremot luktar
så som brinnande mänskor luktar

When cities and villages are burning
when rice fields are burning
poets light their candelabra
and write: "freedom burns
in my heart"
But the heart aflame
does not smell burnt
Burning villages do, however, smell
just as burning people do

Statyologi för grundskolan

Statyer av äldre statsmän
kan lämpligen indelas enligt följande:

1) Sittande statsman, på:

a) stol utan karm   d) häst
b) stol med karm   e) åsna*
c) kummel   f) annat djur*

2) Stående statsman, på:

a) marken   d) stol med/utan karm*
b) podium   e) sockel
c) "bord"   f) häst eller annat djur*

2 a–f) med båda armarna hängande

2 a–f) med vänstra/högra armen på bröstet

2 a–f) med båda armarna på bröstet*

2 a–f) med vänstra/högra handen i byx/kappfickan

2 a–f) med båda händerna i byx/kappfickan*

3) Liggande statsman**

* sällsynt
** vid upplopp, revolutioner etc.

Elementary Statuology

Statues of elder statesmen
can appropriately be categorized as follows:

1) Seated statesman, on:

a) chair without arms   d) horse
b) chair with arms   e) donkey*
c) cairn   f) other animal*

2) Standing statesman, on:

a) soil   d) chair with/without arms*
b) podium   e) socle
c) "table"   f) horse or other animal*

2 a–f) with both arms hanging

2 a–f) with left/right arm across the chest

2 a–f) with both arms across the chest*

2 a–f) with left/right hand in trouser/coat pocket

2 a–f) with both hands in trouser/coat pocket*

3) Reclining statesman**

* rare

** at riots, revolutions etc.

I Helsingfors är husen inte speciellt vackra
  Parkerna inte särdeles lummiga
Luften inte sotigare än i andra storstäder
  Mänskorna inte lyckligare än annorstädes
Helsingfors är en stad utan ansikte, med
  ett ansiktslöst leende ut mot havet
Hela staden är mest nacke, rygg
  Ibland tror man sig ana ett leende
i nacken, ett skratt i ryggen
  Förtvivlat försöker man då springa runt
för att få syn på ögonen, munnen
  Då kurar staden ihop sig, sveper dimman
tätare kring sina axlar
  Helsingfors kan man älska
för dess vanlighet, för dess brist
  på anletsdrag, dess likgiltighet
för dem som faller omkull på gatorna
  och blir liggande

In Helsinki the houses are not especially handsome
 The parks not particularly lush
The air no sootier than in other big cities
 The people no happier than anywhere else
Helsinki is a city without a face, its
 faceless smile faces the sea
The whole town is predominantly nape and back
 Sometimes you imagine the hint of a smile
at the nape of its neck, a chuckle in its back
 Desperately then you try running around
to get a look at its eyes, its mouth
 Then the city huddles up, wrapping the fog
more tightly around its shoulders
 You can love Helsinki
for its usualness, for its lack
 of features, its indifference
to those who fall down flat on the streets
 and remain lying there

Till minnet av Kraepelin

Hon som rör sig sådär ryckigt
   är schizofren
Dendär orörliga är kataton
   Hon som sitter naken i isoleringsrummet
är deprimerad
   Han som svävar en halv centimeter ovanför golvet
är manisk
   Hon som krampar är epileptiker
Han som stirrar sådär är idiot
   Hon som står hela dagen i duschen
är tvångsneurotiker
   Han som hängt sig är död
De som förvånade betraktar allt detta
   är personalen

To the Memory of Kraepelin

She who moves so, so spasmodically
　is schizophrenic
The one who's not moving at all is catatonic
　She who sits naked in the isolation room
is depressed
　He who floats half a centimeter above the floor
is manic
　She who cramps up is epileptic
He who is staring into space is an idiot
　She who stands in the shower all day
is obsessive-compulsive
　He who has hanged himself is dead
Those observing all this in astonishment
　are the staff

När en mänska går sönder
   lämnar tankarna henne likt frusna sparvar
Fröna rinner ur henne och hon urholkas
   Det går så långsamt att inte hennes mor
hinner märka någonting
   Hennes gråt hörs inte längre, tårarna
har frusit fast i hennes förflutna
   och hon är ingen
Vi märker det först när hennes ögon
   är borta, blicken koagulerad
Ännu en liten tid fortsätter hon att gå
   liksom av rörelsens egen kraft
När hon stannar
   blir det tyst omkring henne
Det var hon, det var hon som en gång
   gömde på glädjens kärlekens tillhörighetens
alla möjligheter

When a person goes to pieces
   like freezing sparrows her thoughts depart
The seeds run out of her and she's hollow
   It happens so slowly, her own mother
fails to notice
   You can't hear her cry any more, the tears
have frozen solid in her past
   and she is no one
We first take notice when her eyes
   are gone, her gaze coagulated
For a little while yet she keeps going
   as if propelled by motion itself
When she stops
   it grows quiet around her
This was she, this was she who once
   hoarded joy's love's belonging's
every possibility

ur Tillstånd

1

Ditt ansikte är så levande när du skrattar.
Din själ är så vacker när du talar.
Din kärlek är så skygg när du älskar.

4

De har inte krossat oss.
Du är inte ensam.
Där två ensamma finns
finns inte längre en ensam.

6

Bakom våra ord finns verkligheter som bårhus.
Det obönhörliga låter sig sällan formuleras.
Det som sker ordlöst skall vi återbörda till språket.
Dikten är en återbördare.

7

Närheten är osynlig.
Det du har bakom dina ögon
får du aldrig syn på.

from Conditions

1

Your face is so lively when you laugh.
Your soul is so lovely when you speak.
Your love is so timid when you make love.

4

They have not shattered us.
You are not alone.
Where there are two solitaries
a loner no longer exists.

6

Behind our words are realities like the mortuary.
The implacable seldom lets itself be formulated.
What happens without words we shall restore to language.
The poem is one that restores.

7

Nearness is invisible.
What you have behind your eyes
you will never catch sight of.

8
Någon har städat undan fåglarna.
Den sista snön skriker.
Min hand i din hand.

12
Att göra en mänska galen är lätt.
Tag ifrån honom allt.
Titta sa konstigt han bär sig åt.

18
Var omsorgsfull med dina ord
när du beskriver för den blinda
hur vackert hennes ansikte är
när det lyssnar.

19
Var omsorgsfull med dina ord
när du beskriver för den döva
hur tyst det blev när hon slutat gråta.

8

Someone has cleared away the birds.
The last snow screams.
My hand in your hand.

12

Driving a person mad is easy.
Take everything away from him.
Look how strangely he behaves.

18

Choose your words with care
when you describe to the blind woman
how beautiful her face is
when it is listening.

19

Choose your words with care
when you describe to the deaf woman
how quiet it became when she stopped crying.

Vad förmår väl en snigel
mot en pansarvagn.
Ingen glödgas till mjöl inne i den.
Den rostar inte omgiven av lik.
Den mosar inte in någon i asfalten.
Knappt den gör en blomma förnär.

Men snigeln är snabbare.
Den når fram.
Den rör sig bland sådant som växer.
Den tar en omväg runt den brinnande staden.
Den har tiden på sin sida.
Den, liksom vänskapen mellan mänskorna.

Whatever can a snail do
against a tank.
No one is charred to dust inside of it.
Surrounded by corpses, it will not rust.
Nor does it mash anyone into the asphalt.
It can scarcely hurt a flower.

But the snail is quicker.
It gets where it's going.
It moves among growing things.
It makes a detour around the burning city.
It has time on its side.
It, like friendship between people.

Ensamhet

Älskade, den stund jag får vistas
i din slida glömmer jag min
migrän ledvärk alkolism epilepsi förlamning
hallucinationer ont mellan skulderbladen and-
täppa hicka mjäll torr hy svindel sängvätning
nedsatt hörsel torra läppar blemmor lever-
fläckar bensår blödande tandkött luftbesvär
ischias gråtattacker självmordstankar ankelsvull-
nad patologisk törst ångest skallighet dubbel-
bilder ansiktssmärtor koncentrationssvårigheter
skevning sveda i urinröret rinnande öron ring-
ande öron sendrag ont i halsen klåda allergi
underlig knöl under huden kalla händer nagel-
bitning heshet fetma svartsjuka uppkastningar
förstoppning sömnlöshet nattliga gråtattacker
försämrat minne var i näsans bihålor och gikt.

Loneliness

My love, the moments I spend
in your cunt I forget my
migraine aching joints drinking problem grand mal paralysis
hallucinations pain between the shoulder blades short-
ness of breath hiccups dandruff dry skin vertigo bed-wetting
impaired hearing chafed lips pustules liver
spots leg sores bleeding gums flatulence
sciatica crying fits thoughts of suicide swol-
len ankles pathological thirst angst baldness double
vision facial twinges difficulty concentrating
cross-eyes burning in the urethra running ears ring-
ing ears cramps throat pain itching allergies
strange subcutaneous lumps cold hands nail-
biting hoarseness obesity jealousy vomiting
constipation sleeplessness nocturnal crying fits
failing memory pus in each nasal sinus and gout.

Rumskamrater

Den första hade förvandlats till en städmaskin.
Den andra hade förvandlats till ett litet barn.
Den tredje hade skurit av sin lem i ensamhet.
Den fjärdes gråt höll de tre övriga vakna.

Den femte var utsatt för radioaktiv strålning.
Den sjätte hade magen full av råttor.
Den sjunde var förföljd för kommunism.
Den åttondes gråt höll de sju övriga vakna.

Den nionde påstod att man dödade oskyldiga mänskor.
Den tionde profeterade om världens undergång.
Den elfte hade av barmhärtighet strypt sitt barn.
Den tolftes gråt höll de elva övriga vakna.

Den förtingligade. Den till barn förvandlade.
Den strålskadade. Den klarsynta.
Den som såg katastrofen närma sig.
Den förutseende som ströp sitt barn.
De gråtande som höll sina kamrater vakna.

Roommates

The first had been transformed into a cleaning machine.
The second had been changed into a small child.
The third had cut off his sex in solitude.
The crying of the fourth kept the other three awake.

The fifth was exposed to radiation.
The sixth had a stomach full of rats.
The seventh was persecuted for communism.
The weeping of the eighth kept the other seven awake.

The ninth maintained that innocent people were being killed.
The tenth prophesied the end of the world.
The eleventh had out of mercy strangled her child.
The tears of the twelfth kept the other eleven awake.

The one made into an object. The one turned into a child.
The one harmed by radiation. The perspicacious one.
The one who saw the catastrophe approaching.
The farsighted one who strangled her child.
The ones in tears who kept their friends awake.

En man tänkte engång, i desperation:
   Det bästa vore nog att hänga sig
i närmaste hav.
Han klättrade längs repet ner i havet
   och fann sitt lyckorike.
En annan man tänkte engång, i desperation:
   Det bästa vore nog att dränka sig
i närmaste träd.
Han fann glädjen i trädets krona
   och drack sig otörstig av daggen och regnet.
En tredje man tänkte engång, i desperation:
   Det bästa vore nog att skjuta sig
en sömntablett för pannan.
Han förvandlades till alla sömnlösas
   goda måne och nattliga kamrat.

A man once thought, in desperation:

    The best thing would be to hang myself
in the nearest ocean.
Down a rope he clambered into the sea
    and found his Atlantis.
Another man thought, in desperation:

    The best thing would be to drown myself
in the nearest tree.
In its crown he found happiness
    and quenched his thirst on dew and rain.
A third man thought, in desperation:

    The best thing would be to put a sleeping
pill through my forehead.
He was transformed into the good moon
    and nightly companion of all the sleepless.

Idealisera inte tigandet
Tala är guld
I tystnaden växer råttor och harpest
Titta på tumören, hur tyst den äter dig
Där är dialogen överflödig
Tro inte att bödeln slänger käft med offret
Tro inte svulsten ropar gomorron
Tro inte kärlekslösheten anförtror sin brist
Tro inte att kulorna käbblar
Tror du repet gråter?
Tror du sömntabletterna suckar?
Tro inte att mänskan skriver resolutioner
när råttorna ätit tungan ur hennes mun
Tror du taggtråden duger till grammofonnål?
Tro inte att någonting växer inne i tystnaden
utom tystnadernas tystnad

Don't idealize the keeping silent
Speech is golden
In the silence rats and rabbit fever grow
Look at the tumor, how quietly it eats at you
Dialogue is superfluous there
Don't believe the executioner chats up his victim
Don't believe the growth will greet you with "good morning"
Don't believe that lovelessness confides its lack
Don't believe that bullets bicker
Do you think the rope weeps?
Do you think sleeping pills sigh?
Don't think that a person writes resolutions
when rats have eaten the tongue out of his mouth
Do you think barbed wire will serve as a phonograph stylus?
Don't believe that anything grows inside the silence
except the silence's silence

Den isländska åldringen i tv-rutan
hade lärt sig de heta källornas språk
Han pratade med dem
medan han matade dem med stenar
"Man måste ha tålamod med dem som med mänskorna"
Jag stängde av tv:n, den var varm fortfarande
Jag klappade den på rutan och frågade
om den ville ha nånting att äta innan
jag önskade den god natt
Jag tycker om dess gammalmodiga
svartvita bild av världen
Viktiga händelser är inte i färg

The old Icelander on the TV screen
had learned the language of the hot springs
He talked to them
while he fed them stones
"One must be patient with them as with people"
I turned off the TV, it was still warm
I stroked its screen and asked
if it wanted something to eat before
I bade it goodnight
I like its old-fashioned
black-and-white picture of the world
Important events are not in color

(till en ny mänska)

Hej dethär är alltså världen
Hon där med ansiktet och brösten är din mor
Jag med odugliga bröst är din far
Där springer din bror som tycker att du är så
rolig "att man måste skratta"
Nu tillhör du en kärnfamilj alltså
Du skall få tillräckligt med mat
Vi skall hålla dig i famnen så ofta vi orkar
Vi skall sätta plåster på dina små sår och
sjunga visor för dig så du somnar
Alla de gamla sagorna skall vi berätta för dig
Vi skall riktigt skämma bort dig
När du sedan blir stor
skall vi fråga dig om du minns
hur mycket vi älskade dig

(to a new person)

Hey! this thing in front of you, well, it's the world
That woman there with the face and the breasts is your mother
I, the one whose breasts are good for nothing, am your father
That runner over there, that's your brother, who thinks you're so
funny "people just have to laugh"
So, now you belong to a nuclear family
You will get enough food
We will clasp you in our arms as often as we can
We will bandage up your boo-boos and
sing songs so you'll fall asleep
We will tell you all the old tales
We will really spoil you
Then when you grow up
we will ask you if you remember
how much we loved you

Här i landet tillverkar vi burar
Vi gör dem helt enligt era önskemål
måttbeställda, en bur för vart bruk
Ordinära enpersonsburar men mest
burar för två, större också
om barnen ska med och det ska de ju
Små graciösa burar för damernas festbruk
Vardagsburar helgdagsburar morsdagsburar
Helt små burar som man kan bära med sig
Speciellt svala sommarburar
och vinterbonade mysiga burar med inbyggt allting
Burar så diskreta att ni knappt märker dem
eller burar ni kan lämna in till bankfacket
Vattentäta stötsäkra strålskyddade burar
Burar med reglerbar springbredd, burar på hjul
med automatlåda och nackskydd, invalidburar
Burar för syn- och hörselskadade, överljudsburar
Burar med inbyggd balkong och aircondition
Burar för vansinniga, för studerande, för åldringar
Spädbarnsburar, burar för tvillingar
Burar för soldater, levande och döda
Burar för kärlek, för hat, för boxning, för brottning

In this country we manufacture cages
We construct them just as you wish
made-to-order, a cage for each occasion
Ordinary cages for one but mainly
cages for two, or more
if children are involved and of course they are
Delicate little cages for use at ladies' fêtes
Everyday cages holiday cages mother's-day cages
Cages so small you can carry them with you
Extraordinarily cool cages for summer
and cozy cages outfitted for winter with everything built in
Cages so discreet you scarcely notice them
or cages you can leave in a safe-deposit box
Watertight shock-proof cages shielded against radiation
Cages with adjustable space between bars, cages on wheels
with automatic transmission and headrests, invalid cages
Cages for the sight- and hearing-impaired, supersonic cages
Cages with built-in balconies and air conditioning
Cages for the insane, for students, for seniors
Cages for infants, cages for twins
Cages for soldiers, living and dead
Cages for love, for hate, for boxing, for wrestling

Burar för hem och skola, religiösa burar
Vi är specialister på burar
Säg den bur vi inte kan stå till tjänst med
och vi gör den åt er medan ni väntar

Cages for home and school, religious cages
Cages are our specialty
Name the cage we cannot put at your disposal
and we will make it for you while you wait

Vi vet så litet om fåglarna
därför att de ständigt flyr oss
En död fågel vågar man knappt hålla
i sin kupade hand innan
man slänger den i närmaste dike
Överallt överallt tror man sig sedan
känna igen den döda fågeln, bland
sina vänner, bland sina
vänner bland molnen, bland molnen
tror man sig känna igen
den döda fågeln som man hållit
i sin kupade hand alldeles
som en liten levande fågelunge

We know so little about the birds
for they are always fleeing us
A dead bird is something you'd scarcely dare
hold in the cup of your hand before
you'd fling it into the nearest ditch
Everywhere, everywhere after that you think
you see the dead bird, among
your friends, your friends
in the clouds, in the clouds
you think you see
the dead bird you held
in the cup of your hand
as if it were alive, just hatched

Det som blev ord i mig var
spår av nånting glömt jag
i det angränsande rummets
skymning sett dina läppar mumla

What became words in me
traces of something forgotten, I
in the next room's twilight
watched your lips form

Mumlar för sig själv som ensamma gör
Har kvar sin längtan. Efter vem? Vad?
Skrattar spastiskt när lusten att bita blir för stark
Älskar med fastsydda ögon
Tycker sig ha fiskkropp, gälar, fjäll
Gör halvhjärtat sitt yttersta
Misslyckas i det väsentliga
Kan varken leva med eller utan dem han älskar
Släpar omkring med sin kropp till ovidkommande platser
Drömmer om lok som står stilla, rykande i vinternatten. Snö
Talar sällan lyssnar sällan, låtsas lyssna tala
Rädd för stora hundar, anfaller dem i sömnen
Besvärad av sina privilegier, samvetsnarkoman
Föreställer sig allsmäktigt att endast lidandet ger rätt att leva
Tvångsmässigt pliktmedveten, i grunden asocial
Halvautistisk föreningsmänska, mötesdrömmare
Tror att alla som tror sig ha rätt därigenom har fel
Anspråkslös på ett kvävande sätt
Anar att de flesta är som han, därför misstänksam
Ligger vaken om nätterna med handen kring lemmen
Upprörs av fel saker vid fel tidpunkt på fel sätt
Hemliga monologer med Albert Schweitzer i hemliga rum

Mutters to himself as lonely people do
Still feels desire. For whom? For what?
Bursts out laughing when he absolutely has to bite
Makes love with his eyes stitched shut
Thinks he's got the body of a fish, gills, scales
Does his utmost halfheartedly
Fails when it really counts
Can live neither with nor without those he loves
Drags his body around to the most unlikely places
Dreams of engines that stand still, spewing steam in the winter night. Snow
Seldom speaks seldom listens, pretends to listen to speak
Afraid of big dogs, attacks them in his sleep
Troubled by his privileges, addicted to his conscience
Omnipotently decides that only suffering gives the right to live
Compulsively conscientious, basically asocial
Semi-autistic union man, daydreams at meetings
Thinks all who think they are right are for that reason wrong
Insufferably unpretentious
Suspects most people are like him therefore he's suspicious
Lies awake at night with his hand around his penis
Gets upset by the wrong things at the wrong time in the wrong way
Secret soliloquies with Albert Schweitzer in secret rooms

Hörts säga: kamrater, somna inte förrän ni tagit er sömntablett
Snavar ibland, störtar, får syn, gläds över jordens skönhet
Tycker att djurvänner är fega

Has been heard to say: Friends, don't go to sleep before you've had your sleeping pills
Stumbles sometimes, falls, has visions, is taken with the earth's beauty
Thinks those who prefer animals to people are cowards

(den nya teologin)

Sjukdomen är kroppens samvete
Vad vore vi utan våra sjukdomar
Många gifter sej med dem för att vara
på den säkra sidan
Endel annonserar: önskar bekantskap med
diskret, balanserad sockersjuka
eller:
livshungrande, välsituerad knöl söker mjuk barm
Svar till sign. Din för evigt
Paul Tillich försökte spränga symbiosen med gruppsex
Sen kom döden och tog honom, men det var
intressanta tider, skriver hans 83-åriga änka
Blodtrycksmätning är också en sorts smekning
Somliga älskar att nån lyssnar på deras hjärta
(stetoskopet lämnar en vigselring över bröstet)
Äldre herrar föredrar prostatamassage
Vissa ungdomar skär sönder sin hud med rakbett, såren
skriker efter kärlek
Våra sjukdomar gör att vi inte känner oss ensamma
Vi kan lita på dem som på vänner som följer oss livet ut
Man kan tala med sin sjukdom
Man åker med den på semester, till kurorter, sanatorier

(the new theology)

Illness is the body's conscience
Where would we be without our ailments
Many of us marry them just to be
on the safe side
Some advertise: Looking for
discreet, stable case of diabetes
or:
Well-off lump with a lust for life seeks soft bosom
Replies to: Yours Forever
With group sex Paul Tillich tried to burst symbiosis's bonds
Then death came and took him—, but what interesting
times those were, his 83-year-old widow writes
Sphygmomanometry is also a form of caressing
There are people who love having their hearts listened to
(the stethoscope leaves a wedding ring on their chests)
Elderly gentlemen prefer prostate massage
Some youngsters slash their skin with razor blades, the wounds
cry out for love
Our ailments make us feel we're not alone
We can count on them as on friends we'll have for life
We can talk to them, take them
with us on vacations: to spas, sanitariums

Man liksom h a r den hela tiden
Grannarna börjar inte prata heller
Man kan älska den av åtminstone halva sitt hjärta

They'll never abandon us
And the neighbors won't start talking
We can love them with at least half our hearts

Nuförtiden talas mycket om identitet
Som vanligt är man upptagen av det som inte finns
Vi förväxlar brist och längtan
Man kan svälja vassa föremål (somliga gör det)
som glasbitar, spikar, filspån, nålar
och på så sätt förändra sin identitet en aning
Man korsfäster sej själv och tror att man på det sättet
blir lite mer närvarande
Det finns andra metoder: charterresor, medvetslöshet och
rus, maniskt arbete, religionen som ett
kors i buken
Vi kanske vill tro, men någon försoning ser vi inte till
Vi sätter vårt hopp till kommande liv, ser framför oss
själar, själar på vandring, själ vid
själ, ja hela tåg av själar. Vi kommer att bli besvikna
Vi får nöja oss med enklare former av liv:
några molekyler i något grässtrå på kyrkogården
en knappt förnimbar doft ur krematoriepipan
några kristaller i urnans kalla öga

Nowadays there's a lot of talk about identity
As usual people are deeply concerned about something that doesn't exist
We confuse deficiency with desire
People are capable of swallowing sharp objects (some even do)
like broken glass, nails, iron filings, pins
and in that way they change their identity somewhat
They crucify themselves in the belief that thus
they become a little more real
There are other methods: charter trips, unconsciousness and
boozing, workaholism, religion as
a cross to be borne in the belly
We may want to believe, but atonement doesn't do the trick
We put our faith in the life that's to come, ahead of us we see
souls, wandering souls, soul beside
soul, long processions of souls. We will be disappointed
We have to make do with simpler forms of life:
a few molecules in a blade of grass in the churchyard
a scarcely perceptible scent from the crematorium's flue
a few crystals in the cold eye of the urn

Somliga mänskor ler hela tiden, de har ett
söndrigt blixtlås i munnen
De ler när de talar, de ler när de inte talar
De är ett enda stort leende, de ler med nacken
De ler sej genom middagar och möten, de ler i sängen
De ler på pottan, i armén, på havsbottnen, deras sår ler
Deras leende gör dem älskade, dyrkade
De ler när de rycker vingarna av det ena och det andra
De ler åt krigen, åt hungern, rakt in i massgravarna
De ler när de ser nån ligga på gatan
Leende talar de om de kommande katastroferna, utrotningarna
De ler sej genom gränser, tullar, förbi portierer, samlag
De ler när de ser varandras leenden
Leende mottar de beställningar på större ugnar, bättre kemikalier
Leende stryker de våra namn från olika listor
De kan egentligen ingenting annat, men de kan le
När de försvinner ur rummet blir deras leende kvar
Ingenting biter på det, att vädra eller spraya
Skär man bort deras leende blir det bara ännu bredare
Det är som en osynlig Buddha som inte finns och ändå finns
Angriper man dem får man ett mördande leende till svar
Filmen Hajen slog alla tidigare publikrekord

Some people are always smiling, they
have a broken zipper in their mouths
They smile when they talk, they smile when they're not talking
They are one huge smile, the napes of their necks smile
They smile their way through dinners and meetings, they smile in bed
They smile when they take a shit, in the army, at the bottom of the sea, their wounds smile
Their smiling brings them love, adoration
They smile while tearing the wings off some creature
They smile at war, at hunger, straight into mass graves
They smile when they see someone lying in the street
Smiling, they speak of catastrophes to come, holocausts
They smile their way across borders, through customs, past hotel clerks, during intercourse
Seeing one another smile, they smile
Smiling, they fill orders for bigger ovens, better chemicals
Smiling, they cross our names off various lists
They really can't do anything but smile
When they leave the room, their smile hovers in mid-air
Nothing can wipe it out, not airing, not aerosols
If you take a knife to their smile, it only gets broader
It is like an invisible Buddha that does not yet does exist
If you attack them, they answer with a murderous smile
The movie *Jaws* broke all previous box-office records

(summary)

Suttit på möten, avverkat punkter, tillstyrkt, avstyrkt
Godkänt protokoll ("tör" i § 123 ändras till "torde")
Besökt biografer, museer, krogar, bibliotek, hem, öknar, grottor
Skottat snö, lekt med barnen, skrikit åt barnen, hundbitits
Rest i Europa, USA, Afrika, träffat mänskor därstädes
Köpt och sålt skrot och bilar, väntat på bussar, tåg, cyklat
Hållit tal, föredrag, förstummats, skrivit på upprop, demonstrerat
Läst böcker (tonvis), tidningar, broschyrer, harspår och kråkspår i snön
Stirrat på tv, druckit öl, vin, pomeransbrännvin, kefir, smakat sperma
Vaknat i egen säng, vaknat i annans säng, tillsv. alltid vaknat
Somnat över böcker, rattar, flaskor, kvinnor, i bussar, skrubbar, i vakttjänst
Fetmat, magrat, idrottat, säckat ihop, lyft tyngder, brudar över trösklar, diverse
Blivit besviken, glad, arg, likgiltig, rasande, förälskad, likgiltig, tom
Varit på begravningar, bröllop, fotbollsmatcher, visiter, kräftskivor, utedass
Bevittnat förlossningar, dödskamper, dop, obduktioner, orgier

(summary)

Have sat at meetings, ticked off items on the agenda, recommended, turned down
Approved the minutes (change "should" in § 123 to "ought")
Gone to movies, museums, bars, libraries, homes, deserts, caves
Shoveled snow, played with the children, screamed at the children, been bitten by dogs
Traveled in Europe, the US, Africa, met people
Bought and sold junk and cars, waited for buses, trains, have biked
Given speeches, lectures, been dumbstruck, signed petitions, demonstrated
Read (tons of) books, papers, brochures, hares' and crows' tracks in the snow
Stared at TV, drunk beer, wine, Seville-orange schnapps, kefir, tasted sperm
Awakened in my own bed, in another's, up to now have always awakened
Dozed off over books, steering wheels, bottles, women, in buses, closets, on guard duty
Put on pounds, lost them, exercised, lifted weights, brides over thresholds, odds and ends
Been disappointed, happy, angry, indifferent, enraged, in love, indifferent, empty
Been to funerals, weddings, soccer games, visiting, to crayfish dinners, outhouses
Witnessed deliveries, death throes, christenings, autopsies, orgies

Skrivit skådespel, hjärtan i snön, dikter, kravbrev, recept, fusklappar
Skjutit med gevär, pistol, vattenpistol, granatkastare, stritsa, blåsrör
Lidit av påssjuka, stora skälvan, ångest, depression, paranoia, sveda
Slagits med konservativa, radikala, mej själv, finnar, väderkvarn, hustru
Hyrt rum, tvättstuga, lokal, frack, bil, köpt hus, krukväxter
Ridits av skuldkänslor, småbarn, maror, rödhåriga älskarinnor
Frågat om meningen med alltsammans
Grubblat, övervägt, strukturerat, koncipierat, låtit bli att tänka på
Funnit frågorna ovidkommande och med sinnenas svar besvarade

Written plays, traced hearts in the snow, poems, demand notes, prescriptions, crib sheets
Shot rifles, pistols, water guns, mortars, slingshots, blowpipes
Had the mumps, the shakes, anxiety, depression, paranoia, inflamed urethra
Fought with conservatives, radicals, myself, Finns, windmills, my wife
Rented rooms, laundry rooms, apartments, tuxedos, cars, bought houses, potted plants
Been plagued by guilt, small children, nightmares, red-headed lovers
Have asked the meaning of it all
Brooded, deliberated, pondered, constructed, conceived, stopped thinking
Found the questions irrelevant and answered with the answer of the senses

När jag föddes var Helsingfors en medelstor
stad med kullerstensgator
Några år senare började kriget
Jag hade just lärt mig tiga
Gamla damer låg kringströdda på gatorna
efter bombanfallen De försökte döda oss alla
Det var ingen ordning
En av de rasande nätterna då allt blev svart
bar mamma ner mig i källarn
Sedan försvann hon, hon hade inga ögon
Det blev kallt och vått och mörkt
Det kändes i lungorna
Där fanns en järndörr som man inte fick öppna
När jag knep ihop ögonen förvandlades huset
till en gunga av spindelväv där de hängde upp
alla de döda i långa rep i källargången
Just när en bomb kom alldeles nära kramade mamma
och pappa om varandra för sista gången
som på barnförbjuden film
Sirenerna hade blivit tokiga, de kom in
i mina öron genom mina öronlappar
Pappa var borta hela tiden fast man inte tänkte

When I was born, Helsinki was a medium-sized
town with cobblestone streets
A few years later the war broke out
I had just learned to keep my mouth shut
Old ladies lay strewn about the streets
after the bombs fell   They were trying to kill us all
All order was gone   One furious night
that came rushing down, blacking everything out,
Mother carried me down to the cellar
Then she vanished, she had no eyes
It got cold and wet and dark
You felt it in your lungs
There was an iron door you were not to open
When I screwed my eyes tight the house was composed
of swinging cobwebs, and they strung all
the dead from long ropes in the cellar passage
Just when a bomb dropped quite close by, Mother
and Father embraced for one last time
as in a film adults alone may view
The sirens had gone wild, they invaded
my ears through my earflaps
Father was away all the time, though this slipped my mind

Jag bar ner min vita katt i källarn Vi satt där
så länge att den blev blind och rymde
Nån hittade den med bortsprängt huvud i en låda
där det stod Tidningspapper
Jag kände nog igen den, jag förstod att man
inte kunde lita på nån
Jag grät inte, jag var alldeles torr
Jag liksom lyfte från mig själv och såg
mig själv bli liggande kvar utan huvud
Jag höll andan tills min katt blev hel igen
Det lyckades aldrig
Mina lungor var odugliga, jag skulle snart dö
Vi bodde i vattnet under isskorpan
Jag var ett stillsamt barn, jag sköt huvudet
av råttorna med mitt luftgevär
Det var alldeles för besvärligt att andas
Nånting rörde sig av och an som en pendel
på bottnet under vattnet
Det påminde om resterna av en liten pojke
i golfbyxor som frusit fast under isen

I carried my white cat into the cellar   We sat there
so long it went blind, ran away
Someone found it with its head blown off in a box
marked Newspapers
I recognized it all right, I understood you
couldn't trust anyone
I did not cry, I was all dried out
I seemed to take off, rise out of myself, saw
myself lying there below without a head
I held my breath until my cat was whole again
It never worked
My lungs were useless, soon I would die
We lived in the water under a crust of ice
I was a quiet child, I shot the heads
off rats with my BB gun
It was far too difficult to breathe
Something moved back and forth like a pendulum
along the bottom under the water
It looked like the remains of a little boy
in knickers frozen solid under the ice

Förtvivlan är ett alltför stort
ord, men jag vet inte... Ty sorgen är
obotlig, den går aldrig över
Därav dess styrka, dess bördighet för det
som ännu inte förstörts inne i oss
Den som inte har sorgen har intet
Den som inte har sorgen kan ta sig till
med vad som helst! Med vem som helst!
Den som inte har sorgen har aldrig förlorat
någonting, aldrig ägt någonting
Smärtan och försoningen finns inte hos den
som aldrig har haft sorgen Och dikten
växer bara ur sorgen, ur den sorg
som beretts ett rum i glädjens hjuls nav
och där klarnat till blick och förlåtelse

Despair is far too large
a word, but I don't know... For sorrow
never heals, it never passes
Thence it derives its strength, its fruitfulness for
what has not yet been destroyed inside us
Who has no sorrow has nothing
Who has no sorrow can do
whatever he likes! With whomever he likes!
Who has no sorrow has never lost
anything, never owned anything
Pain, reconciliation do not exist in him
who has never known sorrow   And the poem
grows only out of sorrow, out of the sorrow
for which space has been made in the hub of the wheel of joy
and there has clarified to insight and forgiveness

(in memoriam)

Hon brann! Hon brann där naken under de
brinnande kläderna, utan skam, utan
förtvivlan, utan hopp, hon brann! Hon brann
tigande, hon brann som en ohörd bön
Hon brann där hennes ögons rök steg ur
gravarna, hon brann till värn   Hennes sår
brann, hon brann som en försummelse, hennes
gåtor brann, hennes alla hemligheter
Hon brann som fåglarnas skuggor i sitt hår, hon
brann otydlig som en gammal skrift om Gud
Hon brann ute på havet, utanför alla
vågbrytare, hon var en vattenbrand som elden
släckte, hon brann till hågkomst och bot
Hon brann till stillhet i lakanets kind, hon brann
till gråten, till trösten, till uppståndelsen
Hon brann till under, hon brann till mamma och
till pappa, hon brann till asbest
Hon brann till vår lågas otillräcklighet

(in memoriam)

She burned! She burned there naked under her
burning clothes, without shame, without
despair, without hope, she burned! She burned
keeping her mouth shut, she burned like an unheard prayer
She burned where her eyes' smoke rose from
the graves, she burned in defense   Her wounds
burned, she burned as neglect, her
riddles burned, every one of her secrets
She burned like the shadows of birds in her hair, she
burned unclearly like an old tract on God
She burned out at sea, out beyond every
breakwater, a waterbrand the fire
put out, she burned in memory and as cure
She burned to stillness in the sheet's cheek, she burned
to tears, to solace, to resurrection
She burned to a marvel, she burned to mom and
dad, she burned to asbestos
She burned to the inadequacy of our flame

Andersson för ett jävla oljud
Andersson kan inte ens stå rak i ryggen
Andersson blir det knappast nånting av överhuvudtaget
Andersson är feg
Andersson borde börja tänka om innan det är försent satan
Andersson darrar som en aladåb
Andersson dricker för mycket
Andersson borde inte röka i sömnen
Andersson är ju i själva verket borta en stor del av året
Andersson borde börja betänka och besinna ett och annat
Andersson borde inte resa till Mallorca nu när gamla mor ligger
  på sitt yttersta perkele
Andersson äter som ett svin eller en gris
Andersson är fet
Andersson borde öva klarinett i stället
Andersson skall inte inbilla sig att han har några rättigheter
  som han inte har
Andersson skulle ta bort fingret
Andersson skulle gå in i fackföreningen istället för att sitta där
  och lipa vittu
Andersson skulle inte drömma så mycket

Andersson is making a damned racket

Andersson can't even stand up straight

Andersson really won't ever amount to anything

Andersson is a coward

Andersson had better start thinking things over before it's too goddamned late

Andersson quivers like aspic

Andersson drinks too much

Andersson should not smoke in his sleep

Andersson, as a matter of fact, is away a good part of the year

Andersson had better start giving some thought and paying some heed to a thing or two

Andersson ought not to go to Mallorca now that his old mother is lying at death's door dammit

Andersson eats like a pig, like a hog

Andersson is fat

Andersson should practice the clarinet instead

Andersson shouldn't imagine he has any rights he doesn't have

Andersson should keep his hands to himself

Andersson should join the local trade union instead of sitting there blubbering, for Chrissake

Andersson should not dream so much

Andersson borde veta att intimhygienen bör skötas också för

Anderssons egen skull

Andersson är inte mycket att hänga i julgran

Andersson borde veta att Andersson inte är Anderssons ensak

Andersson borde betänka att gjort är gjort och inte kan göras ogjort

helvete helvete

Andersson borde inse att han inte bara kan ligga där som ett annat

kadaver och njuta

Andersson har blivit fräck på sista tiden rent ut sagt

Andersson skall sluta skeva

Andersson ska inte sen komma och klaga över att inte

Andersson i god tid informerades om Anderssons situation

Andersson skall sluta vissla annars satan

Andersson skall inte glömma att ta sina mediciner annars dör

Andersson så mycket är klart

Andersson var fan håller Andersson hus

Andersson kan väl inte ha

Andersson borde inte ha hoppat säjer jag rent ut

Andersson kunde åtminstone ha stängt fönstret efter sig

Andersson ought to know that intimate hygiene needs attention for Andersson's own sake as well
Andersson isn't much to hang on the Christmas tree
Andersson ought to know Andersson is not solely Andersson's concern
Andersson ought to consider that done is done and cannot be undone, hell dammit to hell
Andersson ought to realize that he can't just lie there like some kind of cadaver and enjoy
Andersson has gotten really fresh lately if the truth be told
Andersson should uncross his eyes
Andersson is not to come later and complain that Andersson was not informed in good time of Andersson's situation
Andersson should stop whistling or damn
Andersson should not forget to take his medicine or Andersson will clearly die
Andersson where in god's name is Andersson now
Andersson cannot very well have
Andersson ought not to have jumped, I'll say straight out
Andersson could at least have closed the window behind him

Ensamheten är det naturliga tillståndet, jag tror
på en ensamhet efter detta. När vi känner oss ensamma bland våra vänner är det bara en föraning om
vår ensamma framtid, en eftersmak av vårt ensamma förflutna. Allt utom ensamheten är en parentes, en tillfällig störning. Ensamheten är trygghet, beständighet.
Helvetet är en mardröm, där finns ingen ensamhet, ingen
frid. Ensamheten är vår dröm om paradiset. All plåga
föds ur närhet, eller ur dess brist. Ensamheten är det
naturliga tillståndet.

Solitude is the natural condition, I believe in a solitude after this. When we feel alone among friends, it is only a foreboding of our solitary future, an aftertaste of our solitary past. Everything but solitude is a parenthesis, a chance disturbance. Solitude is security, constancy. Hell is a nightmare, in which no solitude exists, no peace. Solitude is our dream of paradise. All torment is born of proximity, or of its want. Solitude is the natural condition.

En liten pojke

En liten pojkes far står i trädgården utanför sitt hus och
sågar ved. Det är början av juni och solen värmer redan.
Medan han sågar tänker han på en liten pojkes mamma, som
just nu befinner sig på resa i Italien. Han tänker också
på en liten pojke som för en stund sedan gav sig iväg på
sin cykel till den närbelägna bensinstationen.
En liten pojkes far sågar och anar ännu inget.
Då, med ens, går solen i moln och en kall vindil från norr
gör att det isar sig i ryggen på en liten pojkes far, och
han slutar att såga.
Han lägger ifrån sig sågen och ser att någon kommer cyklande med väldig fart borta i backen. Och det är nån som skriker
alldeles förskräckligt. En liten pojkes kamrat skriker på
långt håll: han blev under en bil. En liten pojke har blivit
under en bil!
En liten pojkes far blir först alldeles overklig och kall,
som om han kastats i en iskall brunn. Några sekunder är
verkligheten alldeles overklig. En liten pojkes kamrat står
där och skriker medan tårarna rinner nerför hans kinder och
ner på marken, som är täckt av sågspån. "Ambulansen kom och
tog honom! Det var blod överallt!" En liten pojkes kamrat
står där och skriker.

A Little Boy

A little boy's father stands in the yard outside his house and saws wood. It is early June and already warm.

While he saws, he thinks of a little boy's mother, who is traveling in Italy just now. He also thinks of a little boy, who took off on his bicycle for the nearby gas station a while ago.

A little boy's father goes on sawing and as yet suspects nothing.

Then, all at once, the sun goes behind clouds and a cold breeze from the north sends an icy chill down the back of a little boy's father, and he stops sawing.

He sets the saw aside and sees someone come cycling at terrible speed over by the hill. Someone screaming in a thoroughly alarming way. A little boy's friend screams from far off: he was under a car. A little boy has been under a car!

First a little boy's father becomes entirely unreal and cold, as if he'd been plunged into an ice-cold well. For a few seconds reality is completely unreal. A little boy's friend stands there and screams while tears run down his cheeks and onto the ground, which is covered with sawdust. "The ambulance came and took him! There was blood everywhere!" A little boy's friend stands there screaming.

En liten pojkes far kastar sig i bilen och kör med skrikande hjul till sjukhuset, som ligger tre kilometer därifrån.
Rusar in på olycksfallspolikliniken. En ambulans med uppslagen bakdörr står där och blinkar med blått ljus. En liten pojkes far rusar fram till luckan och ropar, min pojke! Var är min pojke! Och han rusar genom en lång korridor och sparkar upp en vit dörr där det står Behandlingsrum.
En liten pojke ligger på rygg på undersökningsbordet. Hans huvud är blodigt. Han ligger med vidöppna ögon och han är nånstans långt borta. En liten pojkes far böjer sig över honom och ropar till honom, men en liten pojke ser ingenting och hör ingenting, medan blodet sakta rinner ur hans öra och mun. En läkare i vit rock arbetar med att suga bort blodet som strömmar från en liten pojkes näsa och öron och mun.
En liten pojkes far faller omkull på golvet och slipper för en stund att se.
När en liten pojkes far vaknar upp ser han ett vit tak.
Han reser sig upp och frågar efter en liten pojke, men en liten pojke finns inte längre där, en liten pojke har förts till stadens neurokirurgiska klinik. En liten pojkes far sätter sig i sin bil och kör liksom i drömmen in till staden och sjukhuset dit en liten pojke förts.
En liten pojke ligger alldeles stilla på ett bord. Blodet är nästan borta och den lilla pojken verkar att sova mycket djupt. En liten pojke sover en djup sömn och en liten pojkes far vakar bredvid honom.

A little boy's father hurls himself into his car and drives, wheels screeching, to the hospital, three kilometers away.

Rushes in to the Emergency Room. An ambulance with its back door flung open stands there, its blue light blinking. A little boy's father rushes up to the opening and calls, my boy! Where is my boy! And he rushes down a long corridor and kicks open a white door marked Treatment Room.

A little boy lies on his back on the examining table. His head is bloody. He lies with his eyes wide-open and is somewhere far away. A little boy's father bends over him and calls to him, but a little boy sees nothing and hears nothing, while blood slowly runs from his ear and mouth. A doctor in a white coat works at sucking away the blood that streams from a little boy's nose and ears and mouth.

A little boy's father falls over on the floor and for a while is spared seeing.

When a little boy's father wakes up he sees a white ceiling.

He gets up and asks about a little boy, but a little boy is no longer there, a little boy has been taken to the city's Neurosurgery Clinic. A little boy's father gets into his car and drives, as if in a dream, into town and the hospital where a little boy has been taken.

A little boy lies quite still on a table. The blood is almost gone and the little boy appears to be sleeping very deeply. A little boy sleeps a deep sleep and a little boy's father sits up beside him.

En liten pojkes mor är i Italien och vet fortfarande ingenting om vad som hänt med en liten pojke.
I två dygn sitter en liten pojkes far och vakar bredvid en liten pojke som bara sover och ingenting hör och ingenting ser.
Efter två dygn, långa som ett liv, slår en liten pojke upp sina ögon och ser och en liten pojkes mun mumlar det lilla ordet: pappa!
Och en liten pojkes far ser en liten pojkes blick och hör ordet och då vet han i samma stund, att sommaren utanför kommer att fortsätta, att gräset kommer att fortsätta att växa, att fåglarnas sång kommer att fortsätta och att vinden kommer att blåsa genom sädesfälten och fara i trädens kronor också den här sommaren.
En liten pojke har kommit tillbaka efter en lång resa och från och med den stunden vet en liten pojkes far att nåden finns och att det inte längre finns nånting att frukta, inte i det här livet eller i något annat liv.
Och sex veckor senare bär en liten pojkes far en liten pojke i sina armar och placerar honom i bilens baksäte. Och en liten pojkes röst säger: pappa, kör till butiken. Jag vill ha en glass.
En liten pojkes far kommer hem till sitt hus. Där ligger sågen som han lämnade den. Och han fortsätter att såga där han slutade.

A little boy's mother is in Italy and still knows nothing of what has happened to a little boy.

For forty-eight hours a little boy's father keeps watch beside a little boy, who just sleeps, hearing and seeing nothing.

After forty-eight hours, long as a lifetime, a little boy opens his eyes and sees, and a little boy's mouth murmurs the little word: Daddy!

And a little boy's father sees a little boy's gaze and hears the word, and then, at the same moment, he knows that summer will go on outside, that the grass will keep growing, that the birds' song will continue, and the wind will blow through the fields of grain and travel through the crowns of the trees this summer as well.

A little boy has come back after a long journey, and from this moment on a little boy's father knows that grace exists and that there is no longer anything to fear, not in this life or in any other.

And six weeks later a little boy's father carries a little boy in his arms and places him in the back seat of the car. And a little boy's voice says: Daddy, drive to the store. I want an ice cream.

A little boy's father returns to his house. The saw lies as he left it. And he resumes sawing where he left off.

Helsingfors ligger upphängd i en spindel-
vävsgunga i en klyka av Europa vid dess
norra kvist. Staden gungar under mina fötter, asfalten gungar
när de döda sjunger sina tysta reqviem i
de underjordiska skyddsrummen.
När det stormar ute i världen befinner sig Helsing-
fors i trygghet inne i spindelvävsnätet.
Blir det krig skyndar både NATO och Warschawa-
pakten till vår hjälp.
Vi är lika trygga här som fostret i moderns
mage, henne de tänker våldta, mörda och
skuffa utför branten.

Helsinki lies suspended in a spider-web swing
    in a fork of Europe's northern branch.
The city rocks under my feet, the asphalt rocks
    when the dead sing their silent requiem in
    the underground air-raid shelters.
When the world is stormy, Helsinki finds itself
    secure inside its spider-web net.
If there's war both NATO and the Warsaw Pact will
    rush to our assistance.
We are as secure here as the fetus in the belly of a mother,
    she whom they mean to rape, murder and dump over a cliff.

Samtal i natten på verandan, cigaretternas
lysmaskar, vinet svart i glasen. Vi säger
ingenting just, inneslutna i den tystnad
som uppstår ur många års vänskap och ensamhet.
Några läderlappar yr förbi bakom glasrutorna
som vore de våra döda vänners förrymda själar
som velat stanna kvar här där livet var helt.

Talk in the night on the porch, the cigarettes'
glowworms, the wine black in our glasses. We say
nothing much, ringed by the silence
arising from many years' friendship and aloneness.
A few bats flit past behind the panes
as if they were our dead friends' souls broken free
having chosen to remain here where life was whole.

Just nu befinner jag mig där jag helst av allt
   vill vara.
Just nu är utsikten den jag helst betraktar.
Hon som sover i min säng är den jag helst
   sover med.
Denhär smörgåsen är godare än alla andra smörgåsar.
Gräset på vår sida av gallret är grönare än på
   den andra sidan.
Denhär sommaren är vackrare än barndomens alla somrar.
De sjukdomar jag lider av passar mig bättre än
   alla andra sjukdomar.
Min saknad är större än någon annan jag träffat på.
Mitt ansikte i spegeln byter jag inte bort mot alla
   speglar i världen.

Just now I find myself where I most of all
    want to be.
Just now the view is the one I most want to look at.
She who is sleeping in my bed is the one I most want to
    sleep with.
This open-faced sandwich tastes better than all other sandwiches.
The grass on our side of the fence is greener than on
    the other side.
This summer is more beautiful than all the summers of childhood.
The illnesses I suffer from suit me better than
    all other illnesses.
My loss is greater than any other I have encountered.
I would not trade my face in the mirror for all
    the mirrors in the world.

Sommarn är bäst på sommarn, i din frånvaro
   saknar jag dig mest.
Man blir kall av att frysa, det är roligt
   att vara full.
Fri är blott den som bejakar sin frihet, det är
   hemskt att bli gammal.
Det man inte vet har man ont av, det är mörkast
   när det skymmer.
Längden spelar visst en roll. Bevara mig
   för mina ovänner.
Kärleken är icke tålmodig den kräver allt, glömskan
   är dödens vän.
Lidande förråar, turen står
   den dumme bi.
Man lever av bröd allenast, pengar är allt
   här i livet.
Maktlöshet korrumperar, de första
   skola vara de första.

Summer is best in the summer, in your absence
  I miss you most.
Freezing makes you cold, being
  drunk is fun.
Only he who avows his freedom is free, growing
  old is hell.
What you don't know hurts you, it is darkest
  as dusk falls.
Length certainly does matter. Deliver me
  from my enemies.
Love has no patience, it demands all; oblivion
  is death's friend.
Suffering brutalizes, fortune
  favors the fool.
Man lives on bread alone, money is everything
  in this life.
Powerlessness corrupts, the first
  shall be first.

(*"nånting måste vi ju göra när vi en gång har kommit hit"*)

Häng inte den som är färdigt halshuggen.
Skjut inte den som redan gasats ihjäl.
Bränn inte med napalm den redan i eldstormen ihjälbrända.
Kväv inte med senapsgas den med nervgas redan
    kvävda.
Begrav inte levande i sanden den som inte längre
    lever.
Döda inte skilt för sig fostret och den havande
    kvinnan.
Lägg inte sten på börda, visa lite hänsyn.

("we've got to do something now that we're finally here")

Don't hang someone who is totally decapitated.
Don't shoot someone who has already been gassed to death.
Don't napalm someone already incinerated in a fire storm.
Don't use mustard gas to choke someone already asphyxiated by
   nerve gas.
Don't bury alive in the sand someone who is no longer
   living.
Do not kill separately the fetus and the pregnant
   woman.
Don't add a stone to the load, show a little consideration.

(natur på motorväg)

Livligt fågelliv, kråkor mest, stora oroliga svärmar,
    hela tiden ätande.
Igelkottar talrikt, alla överkörda, kråkmat.
En och annan katt, mårdhund, talrika sorkar, starkt
    tillplattade.
Mera kråkor, även måsar, synes hungriga trots tillgång
    på nykrossad föda.
Älgtjur, en bit in i skogen, avlivad, aväten saknar ett
    framben. Kråkor.
Två bilvrak, tomma, kråkor inne i bilen.
Tre fasaner, överkörda, en ännu vid liv, kråkor på dem.
En barnsko, övergiven. Flugor.
Tävlingscyklist, hög hastighet, kråkor måsar följer.
Motorcyklist, blå hjälm avtagen, mörkviolett ansikte, nacke
    bruten, ambulansmän, småpojkar, kråkor. Duvhök uppe.
Gammal man med lie, krum, halt, försvinner i diket.
Räv eller hund, starkt tillplattad, tarmar, kråkor i glupska
    svärmar. Flugor.
Igelkottar, mårdhund, sorkar, möss, grodor, katter.
Trastflock.
Kråkor, hela tiden ätande, kraxande. Utryckningsfordon
    blinkande, kör förbi.

(nature on the highway)

Lively bird-life, crows mainly, big uneasy swarms,
   feeding, always feeding.
Myriad hedgehogs, all roadkill, crow fodder.
One or more cats, raccoon dogs, voles in abundance,
   flat as platters.
More crows, even gulls, seemingly hungry despite access to
   newly crushed feed.
Bull elk, a little ways into the forest, slain, eaten from,
   missing a foreleg. Crows.
Two wrecked cars, empty, crows inside the car.
Three pheasants, run over, one still alive, crows on them.
A child's shoe, abandoned. Flies.
A cyclist in competition, high speed, crows and gulls follow.
Motorcyclist, blue helmet off his head, face dark violet, neck
   broken, ambulance men, small boys, crows. Goshawk above.
Old man with a scythe, bent, limping, vanishes in the ditch.
Fox or dog, flat as a pancake, disemboweled, crows in greedy
   swarms. Flies.
Hedgehogs, raccoon dog, voles, mice, frogs, cats.
   Flock of thrushes.
Crows, feeding always feeding, croaking. The emergency vehicle
   blinking, drives past.

En nedfrusen mänska bör man inte
   tina upp alltför snabbt.
Cellerna svämmar över, väggarna brister,
   hjärtat stannar.
Placera aldrig en nedfrusen mänska
   i mikrougn.
Lägg henne på en hård bädd i rummet
   mot norr, öppna alla fönster.
Ge henne varken filtar eller dynor, hon
   behöver hårdhet.
När hon börjar ropa efter vatten, släng
   henne några isbitar.
När hon är hungrig, några brödkanter.
Vistas aldrig så länge i rummet att hon
   fäster sig vid dig.
Hon behöver ensamhet, avskildhet.
Ge henne en bit grovt tyg att skyla sig med.
När hon sent omsider återfått något av sin värme
   skall hon berätta för dig om landskap av en
   sällsam skönhet och karghet.
Detta vet varje polarforskare, fjällvandrare, uteliggare
   och läkare inom intensivvården.

A frozen person should not be
   thawed too quickly.
The cells flood, walls bursting,
   the heart stops.
Never put a frozen person
   in a microwave.
Lay her on a hard bed in a room
   facing north, open all the windows.
Don't give her blankets or pillows, hardness
   is what she needs.
When she starts to cry for water, toss
   her a few lumps of ice.
When she's hungry, a few crusts of bread.
Never stay so long in the room that she
   grows attached to you.
She needs solitude, seclusion.
Give her a piece of coarse fabric to cover herself with.
When at long last she has regained some of her warmth
   she will tell you about landscapes
      of a singular beauty and starkness.
Every polar explorer, mountain-climber, person who sleeps outdoors
   and doctor working in intensive care knows this.

Att vara fet är ett sätt att säga: min hunger är
  förfärlig!
Det är att tala ett språk som alla hånar, flickor
  dör av skratt.
Ingen skänker sina medmänskor så många muntra
  stunder som en fet.
Ingen förstår vad den fete har att säga.
Det är ett dövstumsspråk där man gör samma tecken hela
  tiden, hela sitt liv.
Man har inga känslor, inga sexuella behov.
Man är eunuck, tror de.
Att vara fet är äckligt, man blir spegelkrossare.
Varje kväll innan man somnar ber man till Gud om att
  vakna mager.
Gud hör aldrig, han hatar oss.
Magen är i vägen om man skulle ha nån att göra det med.
Det har man aldrig.
När man säger dem att man är fet därför att man inte
  står ut med hungern i världen slår de en.
De säger att feta mänskor är godmodiga, om de bara visste!
När man är fet bantar man hela tiden.

Being fat is a way of saying: my hunger is
 enormous!
It is speaking a language everyone mocks, girls
 die laughing.
No one bestows upon his fellow man as many moments of
 mirth as a fat person.
No one understands what the fat man has to say.
It is a language for deaf-mutes in which he makes the same sign
 all the time, all his life.
He has no feelings, no sexual needs.
He's a eunuch, they think.
Being fat is disgusting, it makes him smash mirrors.
Every night before falling asleep he prays to God to let him
 wake up thin.
God never hears, he hates us.
His stomach would be in the way if he had someone to do it with.
He never does.
When he tells them he is fat because he cannot
 stand the hunger in the world, they strike him.
They say fat people are good-natured, if only they knew!
A fat man is forever dieting.

Det tar på nerverna, man måste äta hela tiden för att orka banta hela tiden.

När man har ätit ihjäl sig lägger de en i en tom kista utan en ostkant att gnaga på.

Vem man innerst inne var får ingen veta.

It gets on his nerves, he has to eat all the time to
 have the strength to diet all the time.
When he has eaten himself to death they lay him in an empty coffin
 without so much as a rind of cheese to gnaw on.
Who he was deep inside no one will ever know.

Hela natten talade vi om döden, om allt vi
　　inte ville avstå ifrån,
promenaderna över åkern ned till bastun,
　　regnets nattliga trummande på plåttaket,
den fysiska lusten att skriva,
　　våra elektriska kärleksmöten,
biokvällarna med lakrits och handsvett,
　　böckerna som knivar av honung.
Men också ångesten, den tillfälligt uthärdliga, och
　　mornarna när du hämtade kaffe på säng och läste
högt rubriker ur tidningen,
　　våra barn som sköt i höjden och försvann
ur våra liv,
　　den rykande temuggen och asparnas viskning
genom det öppna verandafönstret.
　　Rönnen signalerar med röda stoppljus,
hjärtat pumpar oförtrutet,
　　katten dricker vatten från det blå fatet
och mina tankar sprider sig som ringar
　　på det blå fatets vatten.

All night we spoke about death, about everything we
   did not want to relinquish,
our walks across the field down to the sauna,
   the rain's nightly drumming on the tin roof,
the physical desire to write,
   our electrical assignations,
nights at the movies with licorice and sweaty palms,
   books that were like knives of honey.
But also the angst, occasionally bearable, and
   the mornings when you brought coffee into bed and read
aloud the headlines from the paper,
   our children who quickly grew tall and vanished
from our lives,
   the steaming cup of tea and the aspens whispering
through the open porch window.
   The rowan signals with red stoplights,
the heart pumps assiduously,
   from a blue saucer the cat laps water
and my thoughts spread like rings
   on the water in the blue saucer.

Vem var han som levde mitt liv och nu
är en annan? Vem var den lilla pojken
som frågade? Vem var tonåringen som frågade
vem den lilla pojken var? Den gulnade bilden
finns kvar, och handen som håller bilden. Bilden,
handen, bilden av pojken, handens bild.

Who was he that lived my life and now
is some Other? Who was the little boy
asking questions? Who the teenager asking
who the little boy was? The yellowing photo
remains, and the hand holding the photo. The photograph,
the hand, the image of the boy, the hand's image.

Det finns en väg som ingen gått
 före dig.
Kanske är det din.
Hittar du den, är det din.
Den finns inte men blir till när
 du går den.
När du ser dig om är den borta.
Hur du nått hit vet ingen, allra
 minst du själv.

There is a road no one has taken
 before you.
Maybe it's yours.
If you find it, it will be.
It doesn't exist but comes into being when
 you walk it.
When you turn around, it's gone.
No one knows how you got here, least of all
 yourself.

Det vi saknar mister vi aldrig.
Den vi älskat saknar vi alltid.
Vi mister aldrig den vi älskat.
Den vi älskat älskar vi alltid.

What we miss we never lose.
The one we loved we always miss.
We never lose the one we loved.
The one we loved we always love.

Pappa dog, välsignades, jordfästes, brändes,
   gravsattes.
Gropen skyfflades igen, blomsterpryddes.
Marken var frusen med en svepning av
   tunn snö.
Den tjugosjätte januari var kall, vinden
   snål och obarmhärtig.
Urnan bär man som en nyfödd, försiktigt, rädd
   att tappa den.
Sedan är det över det som var.
Det fortsätter i oss som dröjer oss kvar
   bland korsen.
Döden är ingenting hela tiden.

Papa died, was blessed, had a funeral service read over him,
   was burned, buried.
The hole was shoveled closed, adorned with flowers.
The ground was frozen, with a shroud of
   thin snow.
The twenty-sixth of January was cold, the wind
   mean and merciless.
One carries the urn like a newborn, carefully, afraid
   of dropping it.
Then what was is over.
Continuing in us who linger
   among the crosses.
Death is nothing the whole time.

När någon vi älskar dör försvinner
　alla handtag.
Vi trevar men får inget grepp.
Så var det den morgon pappa dog, handtagslöst.
Den sista morgonen på sjukhuset sträckte jag mig
　efter honom med min blicks armar.
Mellan oss var ett hav som hela tiden vidgades.
En liten pojke som bar mitt namn gjorde en båt av
　vass, vinden tog den, styrde den bort.
Den försvinner ut till havs, pappa blir allt mindre
　och är borta.
Utan handtag, utom räckhåll, den lilla pojken
　och hans pappa.
Jag knäböjer på bryggan i kansliet och sträcker min
　blicks armar efter oss.
Men vi är utan handtag och fäste i den stunden.

When someone we love dies every handle
   disappears.
We grope but don't get a grip.
That's how it was the morning papa died, handleless.
The last morning in the hospital I reached out
   for him with the arms of my gaze.
Between us was a sea that only got wider.
A little boy who bore my name made a boat out of
   reeds, the wind took it, steered it away.
It disappears out to sea, papa gets smaller and smaller
   and is gone.
Handleless, out of reach, the little boy
   and his papa.
I kneel down on the pier in the office and reach
   out for us with the arms of my gaze.
But we have no handle and no hold in the moment.

Den som trott att skuggor saknar färger
  har aldrig levt med skuggor.
Dödens svarta skuggor är blå, eller mörkblå.
Det finns ljusgula skuggor som rymt från
  vår barndoms tapet.
Då endast det osynliga var verkligt, som
  de vuxna bakom draperiet i salen.
Så snart pappa försvann blev det blått, den
  färg då skuggorna dansar.
I vår vedkällare fanns en speciell sorts skuggor
  som man fick stickor i fingrarna av.
De sitter kvar än.
Jag lever mitt liv bland de levande och döda
  skuggorna.
De levande skuggorna håller de döda skuggorna
  kvar i dansen.
De döda älskar de levandes dans.
Därför att tiden övergett dem, som ljuset lämnar
  oss när vi slutar dansa.

Who believes that shadows lack color
   has never lived with shadows.
Death's black shadows are blue, or dark blue.
There are light yellow shadows that have escaped from
   our childhood wallpaper.
When only the invisible was real, like
   the adults behind the drapery in the big hall.
As soon as papa vanished, things became blue, the color
   of shadows dancing.
In our wood cellar were special shadows that gave you
   splinters in your fingers.
They are still there.
I live my life among the living and the dead
   shadows.
The living shadows keep the dead shadows
   dancing.
The dead love the dance of the living.
Because time has forsaken them, like the light that leaves
   us when we stop dancing.

När du är död ska du göra allt du inte hann med
　　medan du levde.
Äntligen får du tid för dig själv, du måste lova
　　att bli mycket självisk.
Jag kan se dig för mig: "Tro inte att jag tänker sitta
　　här och ruttna."
Äntligen får du säja presidenten och försvarsministern
　　vad du tänker om dem.
För att inte tala om din hustru, som "stal ditt liv."
Du blir fri som måsen du älskade att betrakta
　　genom bastufönstret.
Du skall resa jorden runt och till andra exotiska
　　ställen.
Gift dig för Guds skull med mjölnarens dotter, det var
　　alltid din hemliga önskan.
Dina talstudier har du inlett per korrespondens, med
　　munnen full av stenar likt de stora mästarna.
Mot hösten skall du komponera en stråkkvartett för gräsbrand,
　　nattfrost, kompost och solnedgång.
Liksom Wittgenstein skall du lära dig vissla Schuberts
　　alla lieder och symfonier, förutom Alte Kameraden.

When you're dead you'll get to do everything you didn't have time
 to do while you were alive.
You'll finally have time to yourself, you must promise
 to become very selfish.
I see you before me: "Don't think I intend to just sit
 here and rot."
Finally you get to tell the president and the minister of defense
 what you think of them.
Not to mention your wife, who "stole your life."
You'll be free as the gull you loved to watch
 through the window of the sauna.
You'll circle the globe and visit other exotic
 places.
For God's sake, marry the miller's daughter, that was
 always your secret wish.
You've begun your elocution lessons by correspondence, your
 mouth full of stones like the great masters.
Toward fall you'll compose a string quartet for grass fire,
 night frost, compost, and sunset.
Like Wittgenstein you will learn to whistle all Schubert's
 lieder and symphonies except *Alte Kameraden*.

Dina under senare år försummade muskler bygger du upp
 enligt Atlas' metod: lyft upp klotet på dina axlar!
När du är död ska ingen hindra dig från att ta igen
 det livet for iväg med.

You'll develop your muscles, neglected in later years,
   by Atlas' method: lift the world onto your shoulders!
When you are dead no one will keep you from taking back
   what life ran away with.

Som stranden övar vi oss att tala
 med munnen full av stenar.
Ett sakta rassel i solnedgången.

Like the shore we practice speaking
   with our mouths full of stones.
A slow rattling in the sunset.

Jag är ett med gatan där jag går, den andas
   som min hud andas.
I mitt bröst spelar en stråkkvartett ett nyskrivet
   stycke av Schubert.
Himlen gråter över staden och dränker mig och
   gatan där jag går.
Nu är det inte längre jag som går utan gatan som
   flyter undan mig.
Jag flyr in i en portgång där någon just kastat
   sitt vatten i en rykande rännil.
Jag stod här en gång, i början av livet, som
   flyter bort.
Den gången handlade det om svindlande upptäckter, himmelsk
   glädje, passioner bortom allt förnuft.
Jag minns allt.
Som femtonåring skrev jag i dagboken: livet är ingenting…
   ingenting alls!
Nu vet jag bättre. Livet är en stark brygd.
På åldringshemmet klagar mor över att alla som skulle
   minnas henne är försvunna.
Men i nästa stund har hon glömt att hon klagade.
Pappa hann jag aldrig fråga, så bråttom hade vi
   att tiga för varandra hela livet.

I am one with the street I walk down, it breathes
   as my skin breathes.
In my breast a string quartet is playing, a new
   piece by Schubert.
The sky weeps over the city, flooding me and
   the street I walk on.
Now it's not me walking but the street that
   flows away, escapes me.
I flee, enter a gateway where someone has just
   pissed a reeking rivulet.
Once I stood here, at the beginning of life, which
   is flowing away from me.
Back then it was all about dizzying discoveries, heavenly
   joy, passions beyond all reason.
I remember everything.
At fifteen I wrote in my journal: life is nothing…
   nothing at all!
Now I know better. Life is a heady brew.
In the old-age home, mother complains that everyone who should
   remember her has disappeared.
But a moment later she's forgotten her complaint.
I never had the time to ask papa, we were in such a hurry
   to hush up with each other all our lives.

Regnet slutar, solen spänner upp sin regnbåge från kyrktornet till horisonten.

Vad livet blöter ner torkar döden upp, som Yorrik med fog kunde ha uttryckt saken.

The rain stops, the sun opens its rainbow from
   the church tower to the horizon.
What life drenches death dries up, as Yorick could
   rightly have expressed it.

(Till Lars Huldén)

Ingenstans är friden större än på
   havets botten.
Man längtar aldrig bort från havets botten.
Ingen plats går upp mot havets botten.
Den som påstår något annat har aldrig varit
   på havets botten.
Krig har aldrig förekommit på havets botten.
Ingen har förblött på ärans fält på havets botten.
Aldrig var ljuset så milt som på havets botten.
Döden aldrig så mild som på havets botten.
Kärleken känner inga gränser på havets botten.
Ingen avund, ingen bitterhet, inget kvävande hat
   på havets botten.
Himmel och hav uppgår i varandra likt älskande
   på havets botten.
En kväll som denna sitter Grigorij Sokolov och spelar
   Schubert på havets botten.
Inga telefoner, ingen som inte orkar svara på
   havets botten.
Barndomen är som en dröm på havets botten.
Vore det inte för ryktet om annalkande flodhästar
   på havets botten.

(To Lars Huldén)

Nowhere is peace greater than at
   the bottom of the sea.
No one ever longs to get away from the bottom of the sea.
No place measures up to the bottom of the sea.
Whoever claims otherwise has never been
   at the bottom of the sea.
War has never been waged at the bottom of the sea.
No one's bled to death on a field of honor at the bottom of the sea.
Never was the light so mild as at the bottom of the sea.
Death never so mild as at the bottom of the sea.
Love knows no limits at the bottom of the sea.
No envy, no bitterness, no suffocating hatred
   at the bottom of the sea.
Sky and sea merge like lovers
   at the bottom of the sea.
On an evening like this one Grigory Sokolov plays
   Schubert at the bottom of the sea.
No telephones, no one who can't manage to answer at
   the bottom of the sea.
Childhood is like a dream at the bottom of the sea.
If only it weren't for the rumor of approaching hippos
   at the bottom of the sea.

Men också det är runt och mjukt som det är
 på havets botten.
Bodde jag inte här skulle jag ge mitt liv för att
 få se havets botten.
Har man en gång varit här har man verkligen varit
 på havets botten.

But it's also round and soft as it is
 at the bottom of the sea.
If I didn't live here I would give my life to
 lay eyes on the bottom of the sea.
If you once have been here, you really have been
 at the bottom of the sea.

Skuggor. Skuggors skuggor.
Stora slavskepp kastar sin
 skugga över oss.
I molnen finns ansiktena
 vi en gång älskade.
Den man älskat älskar man
 sedan alltid.
De rör sig, de ler, deras
 läppar talar.
De finns här, utan avsikt, utan namn,
 som levde de kvar bland oss.

Shadows. The shadows of shadows.
Big slave ships cast their
   shadow over us.
In the clouds are faces
   we once loved.
The one you have loved you
   always love forever.
They move, they smile, their
   lips speak.
Here they are, without intention, nameless,
   as if they still lived among us.

CLAES ANDERSSON

Minister of culture and of sport, Claes Andersson is one of Finland's primary Swedish-language poets and one of the few Finland-Swedish poets also revered in Sweden. Born in Helsinki in 1937, as a writer he is best known for his many slim volumes and two collections of lyric poetry. Andersson has also been known as a doctor of medicine and practicing psychiatrist as well as a jazz pianist who has written three novels, translated the Finnish poetry of Pentti Saaritsa and Elvi Sinervo into Swedish, and authored or co-authored numerous plays and reviews for the stage, radio, and cabaret.

From 1978–82 Claes Andersson was chairman of Finland's Swedish Writers' Union, but his desire to work for the benefit of others in a social context grew into broader political activity. In 1987 he was elected to the Finnish Parliament, where he chaired *Vänsterförbundet* (the Left League), a coalition of leftist parties. He was their candidate for president in 1994. To help finance Andersson's election campaign, the party sold a cassette called "President Blues," featuring the Claes Andersson Trio.

Simultaneously a detached and impassioned observer of his surroundings, he has created his own kind of "impure" poetic diction, one that skillfully combines scientific terminology with colloquial speech but still delights in wordplay, rhetorical devices, and strong rhythmic patterns. His particular talent for compiling macabre details—the technique might be termed premeditated surrealism—is calculated to startle, amuse, or shock the reader. His wry wit and black humor are those of a moralist gadfly.

The recipient of many literary awards, including several national prizes for works in different genres, in 1988 the Swedish Academy gave Andersson its Finland Prize. As minister of culture and of sport—under the aegis of Finland's ministry of education—Andersson has less time to write but more opportunities to perform as a jazz pianist.

About the Translator

Rika Lesser, a native of Brooklyn, New York, is a poet and translator of Swedish and German literature. Her most recent book of poems, *All We Need of Hell*, published last year by the University of North Texas Press, is the fifteenth book she has published since 1975.

Among her previous books are *Etruscan Things* (Braziller Poetry Series, 1983); *Rilke: Between Roots* (Princeton, 1986); and *Guide to the Underworld by Gunnar Ekelöf* (Massachusetts, 1980), for which she was awarded the Landon Poetry Translation Prize from the Academy of American Poets (1982). Her edition of Göran Sonnevi's poetry, which brought her the 1992 American-Scandinavian Foundation Translation Prize, *A Child Is Not a Knife*, came out from Princeton in 1993. She has also translated or retold several works of fiction both for adults and juveniles.

Educated at Yale and Columbia, Ms. Lesser has been the recipient of many grants and awards originating here or in Scandinavia—among them the Amy Lowell Poetry Traveling Scholarship, a grant from the Ingram Merrill Foundation, and the George Bogin Memorial Award from the Poetry Society of America. In 1995 the Swedish Authors Fund gave her an award in recognition of her work translating and promoting Swedish literature abroad. In 1996 she was awarded the Translation Prize of the Swedish Academy.

Rika Lesser has taught writing and literary translation at the George Washington University, Yale University, and the Poetry Center of the 92nd Street Y. Co-chair of its Translation Committee from 1989–1995, she serves on the Executive Board of PEN American Center.

SUN & MOON CLASSICS

PIERRE ALFERI [France]
  Natural Gaits 95 (1-55713-231-3, $10.95)
  The Familiar Path of the Fighting Fish [in preparation]

CLAES ANDERSSON [Finland]
  What Became Words 121 (1-55713-231-3, $11.95)

DAVID ANTIN [USA]
  Death in Venice: Three Novellas [in preparation]
  Selected Poems: 1963–1973 10 (1-55713-058-2, $13.95)

ECE AYHAN [Turkey]
  A Blind Cat AND *Orthodoxies* [in preparation]

DJUNA BARNES [USA]
  Ann Portuguise [in preperation]
  The Antiphon [in preparation]
  At the Roots of the Stars: The Short Plays 53 (1-55713-160-0, $12.95)
  Biography of Julie von Bartmann [in preparation]
  The Book of Repulsive Women 59 (1-55713-173-2, $6.95)
  Collected Stories 110 (1-55713-226-7, $24.95 [cloth])
  Interviews 86 (0-940650-37-1, $12.95)
  New York 5 (0-940650-99-1, $12.95)
  Smoke and Other Early Stories 2 (1-55713-014-0, $9.95)

CHARLES BERNSTEIN [USA]
  Content's Dream: Essays 1975–1984 49 (0-940650-56-8, $14.95)
  Dark City 48 (1-55713-162-7, $11.95)
  Republics of Reality: 1975–1995 [in preparation]
  Rough Trades 14 (1-55713-080-9, $10.95)

JENS BJØRNEBOE [Norway]
  The Bird Lovers 43 (1-55713-146-5, $9.95)
  Semmelweis [in preparation]

ANDRÉ DU BOUCHET [France]
  The Indwelling [in preparation]
  Today the Day [in preparation]
  Where Heat Looms 87 (1-55713-238-0, $12.95)

ANDRÉ BRETON [France]
  Arcanum 17 51 (1-55713-170-8, $12.95)
  Earthlight 26 (1-55713-095-7, $12.95)

DAVID BROMIGE [b. England/Canada]
The Harbormaster of Hong Kong 32 (1-55713-027-2, $10.95)
My Poetry [in preparation]

MARY BUTTS [England]
Scenes from the Life of Cleopatra 72 (1-55713-140-6, $13.95)

OLIVIER CADIOT [France]
Art Poétique [in preparation]

PAUL CELAN [b. Bukovina/France]
Breathturn 74 (1-55713-218-6, $12.95)

LOUIS-FERDINAND CÉLINE [France]
Dances without Music, without Dancers, without Anything [in preparation]

CLARK COOLIDGE [USA]
The Crystal Text 99 (1-55713-230-5, $11.95)
Own Face 39 (1-55713-120-1, $10.95)
The Rova Improvisations 34 (1-55713-149-x, $11.95)
Solution Passage: Poems 1978–1981 [in preparation]
This Time We Are One/City in Regard [in preparation]

ROSITA COPIOLI [Italy]
The Blazing Lights of the Sun [in preparation]

RENÉ CREVEL [France]
Are You Crazy? [in preparation]
Babylon [in preparation]
Difficult Death [in preparation]

MILO DE ANGELIS [Italy]
Finite Intuition: Selected Poetry and Prose 65 (1-55713-068-x, $11.95)

HENRI DELUY [France]
Carnal Love 121 (1-55713-272-0, $11.95)

RAY DIPALMA [USA]
The Advance on Messmer [in preparation]
Numbers and Tempers: Selected Early Poems 24 (1-55713-099-x, $11.95)

HEIMITO VON DODERER [Austria]
The Demons 13 (1-55713-030-2, $29.95)
Every Man a Murderer 66 (1-55713-183-x, $14.95)
The Merovingians [in preparation]

JOSÉ DONOSO [Chile]
Hell Has No Limits 101 (1-55713-187-2, $10.95)

ARKADII DRAGOMOSCHENKO [Russia]
Description 9 (1-55713-075-2, $11.95)
Phosphor [in preparation]
Xenia 29 (1-55713-107-4, $12.95)

JOSÉ MARIA DE EÇA DE QUEIROZ [Portugal]
The City and the Mountains [in preparation]
The Mandarins [in preparation]

LARRY EIGNER [USA]
readiness / enough / depends / on [in preparation]

RAYMOND FEDERMAN [b. France/USA]
Smiles on Washington Square 60 (1-55713-181-3, $10.95)
The Twofold Vibration [in preparation]

RONALD FIRBANK [England]
Santal 58 (1-55713-174-0, $7.95)

DOMINIQUE FOURCADE [France]
Click-Rose [in preparation]
Xbo 35 (1-55713-067-1, $9.95)

SIGMUND FREUD [Austria]
Delusion and Dream in Wilhelm Jensen's GRADIVA 38
 (1-55713-139-2, $11.95)

MAURICE GILLIAMS [Belgium/Flanders]
Elias, or The Struggle with the Nightingales 79 (1-55713-206-2, $12.95)

LILIANE GIRAUDON [France]
Fur 114 (1-55713-222-4, $12.95)
Pallaksch, Pallaksch 61 (1-55713-191-0, $12.95)

ALFREDO GIULIANI [Italy]
 Ed. *I Novissimi: Poetry for the Sixties* 55
 (1-55713-137-6, $14.95)
Verse and Nonverse [in preparation]

TED GREENWALD [USA]
Going into School that Day [in preparation]
Licorice Chronicles [in preparation]

BARBARA GUEST [USA]
  Defensive Rapture 30 (1-55713-032-9, $11.95)
  Fair Realism 41 (1-55713-245-3, $10.95)
  Moscow Mansions [in preparation]
  Seeking Air [in preparation]
  Selected Poems [in preparation]

HERVÉ GUIBERT [France]
  Ghost Image 93 (1-55713-276-4, $13.95)

KNUT HAMSUN [Norway]
  Rosa [in preparation]
  Under the Autumn Star [in preparation]
  Victoria 69 (1-55713-177-5, $10.95)
  Wayfarers 88 (1-55713-211-9, $13.95)
  The Wanderer Plays on Muted Strings [in preparation]
  The Women at the Pump 115 (1-55713-244-5, $14.95)

MARTIN A. HANSEN [Denmark]
  The Liar 111 (1-55713-243-7, $12.95)

THOMAS HARDY [England]
  Jude the Obscure [in preparation]

PAAL-HELGE HAUGEN [Norway]
  Wintering with the Light [in preparation]

MARIANNE HAUSER [b. Alsace-Lorraine/USA]
  The Long and the Short: Selected Stories [in preparation]
  Me & My Mom 36 (1-55713-175-9, $9.95)
  Prince Ishmael 4 (1-55713-039-6, $11.95)

JOHN HAWKES [USA]
  The Owl AND *The Goose on the Grave* 67 (1-55713-194-5, $12.95)

LYN HEJINIAN [USA]
  The Cell 21 (1-55713-021-3, $11.95)
  The Cold of Poetry 42 (1-55713-063-9, $12.95)
  My Life 11 (1-55713-024-8, $9.95)
  Writing Is an Aid to Memory 141 (1-55713-271-2, $9.95)

EMMANUEL HOCQUARD [France]
  The Cape of Good Hope [in preparation]

SIGURD HOEL [Norway]
  The Road to the World's End 75 (1-55713-210-0, $13.95)

FANNY HOWE [USA]
　The Deep North 15 (1-55713-105-8, $9.95)
　Radical Love: A Trilogy [in preparation]
　Saving History 27 (1-55713-100-7, $12.95)

SUSAN HOWE [USA]
　The Europe of Trusts 7 (1-55713-009-4, $10.95)

LAURA (RIDING) JACKSON [USA]
　Lives of Wives 71 (1-55713-182-1, $12.95)

HENRY JAMES [USA]
　The Awkward Age [in preparation]
　What Maisie Knew [in preparation]

LEN JENKIN [USA]
　Dark Ride and Other Plays 22 (1-55713-073-6, $13.95)
　Careless Love 54 (1-55713-168-6, $9.95)
　Pilgrims of the Night: Five Plays [in preparation]

WILHELM JENSEN [Germany]
　Gradiva 38 (1-55713-139-2, $13.95)

JEFFREY M. JONES [USA]
　The Crazy Plays and Others [in preparation]
　J. P. Morgan Saves the Nation 157 (1-55713-256-9, $9.95)
　Love Trouble 78 (1-55713-198-8, $9.95)
　Night Coil [in preparation]

STEVE KATZ [USA]
　Florry of Washington Heights [in preparation]
　43 Fictions 18 (1-55713-069-8, $12.95)
　Swanny's Ways [in preparation]
　Wier & Pouce [in preparation]

ALEXEI KRUCHENYKH [Russia]
　Suicide Circus: Selected Poems [in preparation]

THOMAS LA FARGE [USA]
　Terror of Earth 136 (1-55713-261-5, $11.95)

VALERY LARBAUD [France]
　Childish Things 19 (1-55713-119-8, $13.95)

OSMAN LINS [Brazil]
　Nine, Novena 104 (1-55713-229-1, $12.95)

NATHANIEL MACKEY [USA]
　Bedouin Hornbook [in preparation]

JACKSON MAC LOW [USA]
  Barnesbook [in preparation]
  From Pearl Harbor Day to FDR's Birthday 126
    (0-940650-19-3, $10.95)
  Pieces O' Six 17 (1-55713-060-4, $11.95)
  Two Plays [in preparation]

CLARENCE MAJOR [USA]
  Painted Turtle: Woman with Guitar (1-55713-085-x, $11.95)

F. T. MARINETTI [Italy]
  Let's Murder the Moonshine: Selected Writings 12
    (1-55713-101-5, $13.95)
  The Untameables 28 (1-55713-044-7, $10.95)

HARRY MATHEWS [USA]
  Selected Declarations of Dependence (1-55713-234-8, $10.95)

FRIEDRIKE MAYRÖCKER [Austria]
  with each clouded peak [in preparation]

DOUGLAS MESSERLI [USA]
  After [in preparation]
  Ed. *50: A Celebration of Sun & Moon Classics* 50
  (1-55713-132-5, $13.95)
  Ed. *From the Other Side of the Century: A New American
    Poetry 1960–1990* 47 (1-55713-131-7, $29.95)
  Ed. [with Mac Wellman] *From the Other Side of the
    Century II: A New American Drama 1960–1995* [in preparation]
  River to Rivet: A Poetic Trilogy [in preparation]

DAVID MILLER [England]
  The River of Marah [in preparation]

CHRISTOPHER MORLEY [USA]
  Thunder on the Left 68 (1-55713-190-2, $12.95)

GÉRARD DE NERVAL [France]
  Aurelia [in preparation]

VALÈRE NOVARINA [France]
  The Theater of the Ears 85 (1-55713-251-8, $13.95)

CHARLES NORTH [USA]
  New and Selected Poems [in preparation]

TOBY OLSON [USA]
  Dorit in Lesbos [in preparation]
  Utah [in preparation]

MAGGIE O'SULLIVAN [England]
  Palace of Reptiles [in preparation]

SERGEI PARADJANOV [Armenia]
  Seven Visions [in preparation]

ANTONIO PORTA [Italy]
  Metropolis [in preparation]

ANTHONY POWELL [England]
  Afternoon Men [in preparation]
  Agents and Patients [in preparation]
  From a View to a Death [in preparation]
  O, How the Wheel Becomes It! 76 (1-55713-221-6, $10.95)
  Venusburg [in preparation]
  What's Become of Waring [in preparation]

SEXTUS PROPERTIUS [Ancient Rome]
  Charm 89 (1-55713-224-0, $11.95)

RAYMOND QUENEAU [France]
  Children of Clay [in preparation]

CARL RAKOSI [USA]
  Poems 1923–1941 64 (1-55713-185-6, $12.95)

TOM RAWORTH [England]
  Eternal Sections 23 (1-55713-129-5, $9.95)

NORBERTO LUIS ROMERO [Spain]
  The Arrival of Autumn in Constantinople [in preparation]

AMELIA ROSSELLI [Italy]
  War Variations [in preparation]

JEROME ROTHENBERG [USA]
  Gematria 45 (1-55713-097-3, $11.95)

SEVERO SARDUY [Cuba]
  From Cuba with a Song 52 (1-55713-158-9, $10.95)

ALBERTO SAVINIO [Italy]
  Selected Stories [in preparation]

LESLIE SCALAPINO [USA]
  Defoe 46 (1-55713-163-5, $14.95)

ARTHUR SCHNITZLER [Austria]
  Dream Story 6 (1-55713-081-7, $11.95)
  Lieutenant Gustl 37 (1-55713-176-7, $9.95)

GILBERT SORRENTINO [USA]
  The Orangery 91 (1-55713-225-9, $10.95)

ADRIANO SPATOLA [Italy]
  Collected Poetry [in preparation]

GERTRUDE STEIN [USA]
  How to Write 83 (1-55713-204-6, $12.95)
  Mrs. Reynolds 1 (1-55713-016-7, $13.95)
  Stanzas in Meditation 44 (1-55713-169-4, $11.95)
  Tender Buttons 8 (1-55713-093-0, $9.95)
  To Do [in preparation]
  Winning His Way and Other Poems [in preparation]

GIUSEPPE STEINER [Italy]
  Drawn States of Mind 63 (1-55713-171-6, $8.95)

ROBERT STEINER [USA]
  Bathers [in preparation]
  The Catastrophe 134 (1-55713-232-1, $26.95 [cloth])

JOHN STEPPLING [USA]
  Sea of Cortez and Other Plays [in preparation]

STIJN STREUVELS [Belgium/Flanders]
  The Flaxfield 3 (1-55713-050-7, $11.95)

ITALO SVEVO [Italy]
  As a Man Grows Older 25 (1-55713-128-7, $12.95)

JOHN TAGGART [USA]
  Crosses [in preparation]
  Loop 150 (1-55713-012-4, $11.95)

FIONA TEMPLETON [Scotland]
  Delirium of Dreams [in preparation]

SUSANA THÉNON [Argentina]
  distancias / distances 40 (1-55713-153-8, $10.95)

JALAL TOUFIC [Lebanon]
  Over-Sensitivity 119 (1-55713-270-4, $13.95)

TCHICAYA U TAM'SI [The Congo]
  The Belly [in preparation]

PAUL VAN OSTAIJEN [Belgium/Flanders]
The First Book of Schmoll [in preparation]

CARL VAN VECHTEN [USA]
Parties 31 (1-55713-029-9, $13.95)
Peter Whiffle [in preparation]

TARJEI VESAAS [Norway]
The Great Cycle [in preparation]
The Ice Palace 16 (1-55713-094-9, $11.95)

KEITH WALDROP [USA]
The House Seen from Nowhere [in preparation]
Light While There Is Light: An American History 33
 (1-55713-136-8, $13.95)

WENDY WALKER [USA]
The Sea-Rabbit or, The Artist of Life 57 (1-55713-001-9, $12.95)
The Secret Service 20 (1-55713-084-1, $13.95)
Stories Out of Omarie 58 (1-55713-172-4, $12.95)

BARRETT WATTEN [USA]
Frame (1971–1991) [in preparation]

MAC WELLMAN [USA]
The Land Beyond the Forest: Dracula AND *Swoop* 112
 (1-55713-228-3, $12.95)
The Land of Fog and Whistles: Selected Plays [in preparation]
Two Plays: A Murder of Crows AND *The Hyacinth Macaw* 62
 (1-55713-197-X, $11.95)

JOHN WIENERS [USA]
The Journal of John Wieners / is to be called [in preparation]

ÉMILE ZOLA [France]
The Belly of Paris (1-55713-066-3, $14.95)